ÊXITO PROFISSIONAL

CONHECIMENTOS E ATITUDES

Dados Internacionais de Catalogação na Publicação (CIP)
(Câmara Brasileira do Livro, SP, Brasil)

Cavalcanti, Francisco Antonio
    Êxito profissional : conhecimentos e atitudes / Francisco Antonio Cavalcanti. – São Paulo: Editora Senac São Paulo, 2011.

    ISBN 978-85-396-0122-6

    1. Carreira profissional – Desenvolvimento 2. Comportamento organizacional 3. Mercado de trabalho 4. Orientação vocacional 5. Satisfação no trabalho 6. Sucesso profissional I. Título.

11-06709   CDD-650.14

Índice para catálogo sistemático:
1. Carreira profissional : Desenvolvimento : Administração   650.14

A marca FSC® é a garantia de que a madeira utilizada na fabricação do papel deste livro provém de florestas que foram gerenciadas de maneira ambientalmente correta, socialmente justa e economicamente viável, além de outras fontes de origem controlada.

FRANCISCO ANTONIO CAVALCANTI

ÊXITO PROFISSIONAL

CONHECIMENTOS E ATITUDES

editora
senac
são paulo

ADMINISTRAÇÃO REGIONAL DO SENAC NO ESTADO DE SÃO PAULO
Presidente do Conselho Regional: Abram Szajman
Diretor do Departamento Regional: Luiz Francisco de A. Salgado
Superintendente Universitário e de Desenvolvimento: Luiz Carlos Dourado

EDITORA SENAC SÃO PAULO
Conselho Editorial: Luiz Francisco de A. Salgado
Luiz Carlos Dourado
Darcio Sayad Maia
Lucila Mara Sbrana Sciotti
Jeane Passos Santana

Gerente/Publisher: Jeane Passos Santana (jpassos@sp.senac.br)

Editora Executiva: Isabel M. M. Alexandre (ialexand@sp.senac.br)
Assistente Editorial: Pedro Barros (pedro.barros@sp.senac.br)

Edição de Texto: Pedro Barros
Preparação de Texto: André Felipe Palmeira, Felix de Carvalho, Márcia Nunes
Revisão de Texto: Amanda Acevedo, Liege M. S. Marucci, Luiza Elena Luchini (coord.)
Ilustrações do Miolo e da Capa: Flávio Tavares
Projeto Gráfico e Editoração Eletrônica: Antonio Carlos De Angelis
Impressão e Acabamento: Bartira Gráfica e Editora S/A

Comercial: Rubens Gonçalves Folha (rfolha@sp.senac.br)
Administrativo: Carlos Alberto Alves (calves@sp.senac.br)

Proibida a reprodução sem autorização expressa.
Todos os direitos reservados a
Editora Senac São Paulo
Rua Rui Barbosa, 377 – 1º andar – Bela Vista – CEP 01326-010
Caixa Postal 1120 – CEP 01032-970 – São Paulo – SP
Tel.(11) 2187-4450 – Fax (11) 2187-4486
E-mail: editora@sp.senac.br
Home page: http://www.editorasenacsp.com.br

© Francisco Antonio Cavalcanti, 2011

Sumário

Nota do editor, 7

Apresentação, 13

Capítulo 1. Concluindo a formação profissional, 19
    Adequação da formação profissional, 22
    Segurança profissional em face dos novos desafios, 27
    Expectativa quanto à absorção pelo mercado, 32

Capítulo 2. Conquistando um lugar no mercado de trabalho, 37
    Preparando-se para a seleção numa organização privada, 42
    Preparando-se para a seleção numa organização pública, 49
    Empreendendo o próprio negócio, 59

Capítulo 3. Desempenhando as novas funções, 69
    Conhecendo a organização, 74
    Conhecendo as novas funções, 82
    Buscando melhorar o desempenho no cargo, 88

CAPÍTULO 4. RELACIONANDO-SE COM OS COLEGAS DE TRABALHO, 93
    Atitudes positivas, 96
    Atitudes negativas, 104
    Conclusão, 111

CAPÍTULO 5. RELACIONANDO-SE COM OS SUBORDINADOS, 113
    Atitudes positivas, 116
    Atitudes negativas, 125
    Conclusão, 132

CAPÍTULO 6. RELACIONANDO-SE COM OS SUPERIORES, 135
    Atitudes positivas, 138
    Atitudes negativas, 146
    Conclusão, 153

CONSIDERAÇÕES FINAIS, 157

Nota do editor

Não é exagero afirmar que a escolha da profissão é um dos momentos mais importantes da vida. Nela está implícita a renda que cada um considera necessária para viver com independência, constituir família e buscar a felicidade – nas mais diversas formas que ela assume. Por isso, é preciso conciliar o prazer em trabalhar com fatores como concorrência, capacidade de absorção do mercado e perspectivas futuras.

Decidida a carreira, é preciso enfrentar os desafios das entrevistas e dinâmicas de grupo, que exigem sensibilidade e comportamento específico. Quando contratado, é essencial cultivar amizades, fazer-se notar sem parecer presunçoso e mostrar-se empreendedor sem ultrapassar limites. Assim, será possível consolidar uma rede interpessoal ampla e confiável – que, aliada com sua competência, será essencial na conquista de mérito e reconhecimento. Com sabedoria, trabalho e paciência, todos podemos viver segundo a máxima de Confúcio: "Escolha um trabalho que você ame e não terá de trabalhar um único dia em sua vida".

Êxito profissional: conhecimentos e atitudes é uma publicação do Senac São Paulo direcionada não só a auxiliar a colocação no mercado de trabalho de jovens oriundos de cursos profissionalizantes e universitários, como também busca indicar maneiras de as empresas aproveitarem melhor as potencialidades desses novos profissionais.

Para Beatriz, Letícia, Luiza, Marcela e Maria Eduarda

"Escolha um trabalho que você ame e não terá de trabalhar um único dia em sua vida."
(Confúcio)

Apresentação

Minha vida profissional colocou-me, continuamente, em contato com jovens que estavam concluindo algum curso preparatório antes de ingressar no mundo do trabalho. Lecionei em cursos técnicos de nível médio, em cursos de graduação, em áreas como a tecnológica e a de ciências sociais aplicadas, bem como em cursos de pós-graduação, *stricto* e *lato sensu*, nessas mesmas áreas. Além disso, a condição de técnico e executivo de organizações públicas e privadas também me proporcionou esse tipo de contato, quando, em muitas ocasiões, fui levado a tratar com jovens estagiários em via de concluir um curso profissional.

A preocupação com a adequação do curso a seu perfil e a ansiedade no que se referia a seu engajamento no mercado de trabalho eram traços comumente identificáveis no comportamento de muitos desses alunos. Somava-se a tudo isso uma frequente insegurança quando se viam obrigados a enfrentar processos seletivos exageradamente concorridos. Muitas vezes, testemunhei mudanças e redirecionamentos profissionais após reiterados insucessos na busca por uma oportunidade de emprego. O que deveria, aos olhos de muitos, parecer uma transição serena, como a passagem da formação profissional à atividade produtiva mediante engajamento em um trabalho formal, porém, em certos casos, convertia-se em uma penosa busca.

Com a demanda por empregos crescendo mais acentuadamente que a oferta, a tendência natural é que essa busca se torne cada vez mais penosa. Isso decorre, em muitos casos, de como se estrutura a economia de uma sociedade, com seu ritmo de desenvolvimento ditando as profissões mais demandadas em determinado momento, bem como as eventuais saturações.

Presenciei, ainda, em outras oportunidades, a dificuldade com que muitos jovens recém-contratados lidavam com suas novas funções, sem conhecerem minimamente a organização e tampouco o cargo que passaram a ocupar, gerando prejuízos pessoais e profissionais. Esse conhecimento estabelece as condições imprescindíveis para o enriquecimento desses cargos, o que, certamente, é sempre muito bem-visto e esperado. Bem-visto, porquanto significa uma demonstração de interesse no desenvolvimento da organização; esperado, porque é uma atitude natural de quem quer crescer profissionalmente na carreira que abraçou.

O comportamento no ambiente de trabalho, no que se refere ao relacionamento com colegas, subordinados e superiores, constitui também um aspecto da mais relevante importância. Pode-se compreender facilmente o extraordinário valor que um bom relacionamento no ambiente de trabalho tem para a abertura de horizontes profissionais. Aquele que é capaz de se relacionar bem com todos terá, seguramente, mais oportunidades, sentindo-se, além disso, muito melhor consigo mesmo. Conquanto seja ditado, em grande medida, pela personalidade e pelos valores construídos pelo indivíduo ao longo do tempo, esse aspecto pode ser trabalhado convenientemente à luz da experiência. Esta, todavia, só virá com o tempo e com a vivência dos mais variados tipos de situações no ambiente de trabalho, o que significa uma desvantagem para os que iniciam a vida profissional.

No marco dessas preocupações e motivado pelo fato de que, tanto em minha vida de educador como na de técnico e executivo de organizações, fui procurado por muitos em busca de uma orientação, de um conselho, de uma opinião, e incentivado por amigos, resolvi escrever este livro. Ele foi elaborado integralmente à luz de uma experiência docente e profissional de muitos anos. Seus insumos principais foram, certamente, a prolongada observação e a extensa vivência em situações de trabalho as mais variadas.

Para colocar em foco as preocupações aqui aludidas e tratá-las convenientemente, o livro foi estruturado em seis capítulos. O primeiro, "Concluindo a formação profissional", objetiva tratar das questões relacionadas à adequação da formação, da insegurança que normalmente acomete os que estão prestes a enfrentar os desafios de um novo emprego e, finalmente, da expectativa de engajamento no mercado de trabalho. O segundo capítulo, "Conquistando um lugar no mercado de trabalho", procura oferecer uma orientação voltada àqueles que buscam uma oportunidade de trabalho por meio da seleção em uma empresa privada, em uma organização pública ou mediante o empreendimento do próprio negócio. O terceiro capítulo, "Desempenhando as novas funções", dedica-se às preocupações que o ingressante em uma organização deve ter, como conhecimento amplo sobre ela e sobre as novas funções que está assumindo, bem como as contribuições que deve procurar aportar ao desenvolvimento do cargo que passou a ocupar. Os três últimos capítulos tratam do relacionamento com os colegas de trabalho, com os subordinados e com os superiores, respectivamente. O objetivo desses capítulos é apontar as atitudes mais construtivas a ser adotadas no ambiente de trabalho, bem como as mais deteriorantes.

Cumpre considerar que se trata de um livro dirigido a estudantes de cursos profissionalizantes de nível médio, de nível superior e de pós-graduação, bem como a professores preocupados com a orientação profissional dos alunos. Também busca orientar aqueles que estão se preparando para uma seleção voltada a um emprego em uma organização privada ou um concurso público e para o empreendimento do próprio negócio. Pretende ser útil, ainda, aos profissionais da área de recursos humanos, bem como a todos aqueles recém-admitidos nas organizações, por trazer orientações referentes tanto ao comportamento profissional no cargo quanto ao relacionamento interpessoal que devem adotar.

Com as ideias expostas aqui, mesmo que modestamente, espero contribuir com aqueles que estão escolhendo uma área profissional, adequando os conteúdos que devem dominar, enfrentando a batalha por uma oportunidade de trabalho ou ingressando em um novo emprego. Ao serem selecionados, esses novos profissionais devem se relacionar bem com colegas, com eventuais subordinados e com superiores. Minha expectativa é que a ideia de escrever este livro tenha sido efetivamente oportuna e venha a me proporcionar o bem-estar que todo ser humano sente quando é capaz de ajudar as pessoas de alguma maneira.

CAPÍTULO 1

Concluindo a formação profissional

Este capítulo pretende expor algumas reflexões sobre as questões presentes, com mais frequência, na mente daqueles que estão às vésperas da conclusão de um curso que os capacite para o exercício de uma profissão. Tais questões conduzem, quase sempre, a um estado de instabilidade emocional, muito próprio aos momentos em que somos colocados diante de decisões importantes ou que tenham repercussões significativas em nossas vidas.

As questões tratadas adiante estão quase sempre presentes na preocupação dos que passam a enfrentar o mercado de trabalho, com os seus riscos, obstáculos e desafios. Assim, todos são levados, nesse momento de sua vida, a enfrentar temores e angústias muito próprios à condição de concluintes de um curso que os coloca diante do mercado como pretendentes de uma vaga bastante disputada. É nesse contexto que os assuntos aqui tratados ganham importância e oportunidade. Em qualquer situação, é sempre bom que consigamos organizar nossas ideias, a fim de que tenhamos o indispensável equilíbrio para as decisões que nos são exigidas nos distintos momentos em que somos atingidos por sentimentos de instabilidade.

Há muitas questões que costumam preocupar aqueles que estão em via de concluir um curso profissional. Porém, três delas parecem muito frequentes e, certamente, são importantes: se o curso que escolhemos é o mais adequado para nós; se teremos a competência necessária para encarar e superar os desafios impostos pela profissão, considerando-se o certificado do qual somos portadores; se seremos absorvidos pelo mercado de trabalho. Adiante, trataremos de cada uma dessas questões de maneira didática, de modo a aclarar todos os aspectos nelas envolvidos. Entretanto, o faremos da forma a mais genérica possível, porquanto o assunto assim o exige.

As ideias aqui discutidas direcionam-se a quem está prestes a concluir um curso profissional, independentemente do grau, do campo de trabalho ou mesmo da especialidade escolhida. Importa que estejamos muito atentos a essas questões, tendo em vista o fato de que nosso êxito no trabalho depende, em grande medida, do nosso equilíbrio e da percepção do papel que desempenhamos como seres produtivos. Como participantes ativos do mundo do trabalho, devemos ser capazes de buscar e permanentemente adequar nossas capacitações, bem como de enfrentar os desafios com que nos defrontamos.

Adequação da formação profissional

A primeira das questões aludidas na introdução deste capítulo, isto é, se efetivamente a formação que escolhemos é adequada ao nosso perfil, à nossa personalidade e, enfim, ao que realmente queremos como ferramenta para enfrentar o mundo do trabalho, deve ser considerada à luz de alguns fatores. O primeiro deles é que o trabalho se encontra no cerne de nossa vida, constituindo elemento central da nossa existência. Portanto, há que ser visto como algo de extrema relevância. Ele confere a dignidade para vivermos bem conosco, com nossos familiares, com nossos amigos, com as pessoas do nosso relacionamento e, afinal, com os integrantes da nossa sociedade.

Por se tratar de elemento central, preenchendo grande parte da nossa existência, o trabalho não pode prescindir de se constituir em fonte de satisfação, prazer e realização. Mas isso só é conseguido ao fazermos efetivamente aquilo de que gostamos. Quando isso acontece, costumamos dizer que trabalhamos brincando. O contrário sempre gera algo muito desagradável, sendo, por vezes, fonte de insatisfação e aborrecimentos. Isso para não falar do enfado e da exaustão que derivam de uma atividade que não nos agrada. De outra parte, é preciso considerar que o produto ou o resultado do nosso trabalho estão impregnados do grau de dedicação que lhe doamos.

O prazer e a satisfação que retiramos das nossas atividades profissionais terminam por influir em nosso estado geral de bem-estar e, portanto, influenciam na qualidade de nossas vidas. Para que possamos usufruir desse sentimento em relação ao que fazemos como atividade profissional, é indispensável talento e competência para desenvolver as atividades exigidas pelo nosso trabalho. Nesse ponto, parece residir a essência da questão. Só poderemos adquirir verdadeira competência relativamente a algum tipo de atividade e, por outro lado, realizá-la satisfatoriamente, se formos capazes de identificar nossos talentos e propensões naturais, fazendo desses elementos os marcos de orientação para a escolha de uma profissão.

Muitas vezes, entretanto, somos influenciados por familiares, amigos ou, eventualmente, por outras pessoas na escolha de uma área profissional. Outras vezes, deixamo-nos levar pelo prestígio social da profissão ou, mesmo, pelas perspectivas que o mercado está oferecendo naquele momento. Na maioria dos casos, esse tipo de escolha ocorre no final da adolescência, quando ainda somos bastante influenciáveis. Por essa mesma razão, podemos tomar decisões que não sejam as mais consentâneas com as nossas verdadeiras expectativas, ou que não tenham estreita relação com nossos talentos, propensões e potencialidades.

Assim, a avaliação para sabermos se a formação que escolhemos é a mais adequada para nós passa, obrigatoriamente, pelo exame da compatibilidade entre os nossos talentos e as nossas propensões naturais e as atividades profissionais que poderemos desenvolver com o domínio dos conteúdos que a área profissional escolhida pode nos oferecer. Esse é o tipo de avaliação que deve ser levado a efeito antes de empreendermos todos os nossos esforços formativos.

Devemos fazer essa avaliação antes de iniciar o curso e durante seu desenvolvimento, para adotarmos eventuais redirecionamentos que melhor ajustem nossa capacitação ao que realmente gostaríamos de fazer. Quanto a nossos talentos e propensões naturais, nós os identificamos desde muito cedo. Aquilo que costumamos fazer com mais facilidade do que os outros, que nos dá prazer, que não nos aborrece e nos provoca a sensação de termos realizado algo de bom é certamente a sinalização para o que devemos escolher como profissão.

A qualquer tempo do nosso processo formativo, podemos realizar ajustes para adequar melhor os conteúdos que constituirão nosso conjunto de competências e o que queremos fazer como atividade profissional. Em quase todos os cursos, são exigidos estágios de preparação para a vida do trabalho. Esse é um momento importante para identificarmos conteúdos que devem ser dominados para melhor adequar nossa formação aos requisitos das atividades que pretendemos abraçar.

Devemos sempre privilegiar nossos talentos e propensões naturais tanto no processo de escolha de um curso quanto no processo de eleição de conteúdos a serem aprofundados. Jamais devemos pensar que o êxito profissional deriva apenas da demanda apresentada pelo mercado relativamente a determinada profissão. Ela pode, certamente, influenciar a velocidade com que alguém se engaja no mercado de trabalho, permitindo que esse engajamento ocorra mais ou menos rapidamente. Entretanto, o êxito profissional é algo diferente e não tem nada a ver com o grau de rapidez com que o mercado nos absorve.

Na verdade, o êxito profissional está relacionado com a qualidade do produto do nosso trabalho, com a nossa satisfação, com o respeito que todos passam a ter por nós,

> AQUILO QUE COSTUMAMOS FAZER COM MAIS FACILIDADE DO QUE OS OUTROS, QUE NOS DÁ PRAZER, QUE NÃO NOS ABORRECE E NOS PROVOCA A SENSAÇÃO DE TERMOS REALIZADO ALGO DE BOM É CERTAMENTE A SINALIZAÇÃO PARA O QUE DEVEMOS ESCOLHER COMO PROFISSÃO.

com as possibilidades reais de crescimento em uma carreira profissional, enfim, com o sentimento de realização que nos invade o espírito. Desse modo, a realização a que nos referimos é, em boa medida, responsável por um estado de bem-estar que torna a nossa vida mais agradável e nos transforma em pessoas capazes de desenvolver bons e duradouros relacionamentos de amizade.

Em decorrência da formação inadequada aos nossos talentos e propensões naturais, a frustração profissional quase sempre conduz à escolha de outro caminho, com custos naturais de tempo, esforço de trabalho e recursos financeiros. É significativo o número de profissionais que redirecionam suas atividades de trabalho, afastando-se da sua formação original. Seguramente, cada um de nós é capaz de citar algum exemplo. As circunstâncias que podem determinar o encaminhamento profissional de alguém são de ordem variada. Portanto, nem sempre é possível atribuir a razão de eventuais redirecionamentos a inadequações da escolha profissional ou, mesmo, do processo formativo. As razões para esse redirecionamento podem estar ligadas a oportunidades ou, em alguns casos, à pressa em se engajar em decorrência de desinformação ou necessidade de se iniciar a auferir alguma renda, entre outras.

O mais importante, entretanto, é que mantenhamos a determinação da busca de uma atividade compatível com nossos talentos e propensões naturais e, de outra parte, que a formação seja adequada a esses atributos. Qualquer tempo é tempo, como se costuma dizer, para buscar adequar nossa atividade profissional a nossos potenciais e competências. A rigor, esse processo de adequação ocorre durante toda a vida profissional do indivíduo. A cada momento, reunimos experiências que contribuem para nosso permanente aperfeiçoamento e elevação da nossa capacidade de resolver os problemas de trabalho com que nos defrontamos.

Essa capacidade, entretanto, tende a se desenvolver cada vez mais rapidamente quanto mais adequada à formação for o perfil e quanto mais adequado à formação for o cargo ocupado. O sentimento resultante da perfeita adequação das competências profissionais reunidas pelo indivíduo e de seus talentos e propensões naturais aos conteúdos do cargo que ocupa é condição para que não existam perdas, retrabalhos e desperdícios de qualquer ordem. Nesses casos, ocorre uma sensação agradável de que se está avançando, conquistando espaços na vida profissional, crescendo, realizando-se e elevando, de forma contínua, o potencial de desenvolvimento na profissão.

Segurança profissional em face dos novos desafios

A segunda questão, também levantada na parte introdutória, relaciona-se de perto com a segurança profissional que sentimos para enfrentar os desafios que se apresentam no curso das atividades que teremos de desenvolver. Convém lembrar que, nesse momento, já somos portadores de um certificado, situação que, em termos psicológicos, parece exercer uma pressão muito grande. Às vezes, equivocadamente, pensamos que, a partir da obtenção do diploma profissional, ficamos impedidos de perguntar e obrigados a ter solução para todos os problemas que se apresentem ou a dominar todas as técnicas e habilidades.

Obviamente, não podemos enfrentar todos os desafios impostos pelo campo de trabalho que passamos a ocupar com todas as soluções prontas e acabadas. É preciso entender que ninguém está suficientemente preparado para isso. Na verdade, trata-se de algo impossível. Devemos compreender que sempre teremos de apelar para outras pessoas e todos os tipos de fontes de informação disponíveis. Por isso, é recomendável que assumamos uma postura modesta e equilibrada. Essa postura pode minimizar a ansiedade que normalmente toma conta de nós. Assim, devemos ter a consciência de que, com boa vontade e interesse, seremos capazes de nos desincumbir das responsabilidades que nos forem atribuídas.

Entretanto, é preciso desenvolver o hábito de consultar nossos ex-professores ou ex-colegas de curso que apresentavam bons rendimentos escolares. Podemos também consultar bibliotecas e fontes de informação disponíveis na internet, pois certamente encontraremos a solução que estamos buscando. Esse raciocínio nos leva a considerar a importância de construir bons relacionamentos no âmbito do curso de formação profissional que realizamos. A aproximação com professores e colegas nos abre portas para futuras consultas que nos serão muito valiosas, quando necessitarmos oferecer soluções a problemas que se apresentem em nosso trabalho.

Os professores, normalmente, gostam de ser consultados por ex-alunos relativamente a problemas para cuja solução possam contribuir. Esses profissionais do ensino não encerram suas atividades docentes quando param de ministrar uma disciplina. É importante que eles continuem a ser consultados, porquanto isso constitui uma forma de se manterem atualizados e, além disso, úteis profissionalmente fora do âmbito da instituição em que trabalham. Os problemas de trabalho, objeto de consulta dos professores e para cuja solução eles contribuem, terminam por enriquecer o tratamento dos conteúdos que são oferecidos em sala de aula, ilustrando, assim, a exposição dos assuntos. Por sua vez, a consulta a ex-colegas de curso pode se constituir em motivo de fortalecimento das relações que devem nascer e se desenvolver no âmbito do que chamamos colégio profissional, isto é, do conjunto de profissionais da mesma especialidade. O fortalecimento dos laços de amizade com professores e colegas de profissão muito contribui para nosso bem-estar e permanente sintonia com o que ocorre em termos de avanço nos conhecimentos que nos são indispensáveis. Temos também de consultar habitualmente as fontes de informação que podem nos auxiliar no trabalho, fazendo dos livros, periódicos e internet fonte de busca para os esclarecimentos de que precisarmos.

Durante o curso de formação e, muito especialmente, durante o estágio para a conclusão do curso, devemos desenvolver o saudável hábito de conversar com professores e colegas sobre os desafios que nos esperam, preparando assim um ambiente de relacionamento profissional que nos facilite as consultas a essas pessoas. Durante o estágio formativo, devemos desenvolver nossa capacidade de ofe-

QUANTO MAIS FICARMOS CONHECIDOS COMO PROFISSIONAIS CAPAZES DE ENCARAR E RESOLVER OS PROBLEMAS COM OS QUAIS NOS DEFRONTARMOS, MAIS OPORTUNIDADES SURGIRÃO.

recer solução a todos os problemas com que nos deparamos no trabalho. Quanto mais ficarmos conhecidos como profissionais capazes de encarar e resolver os problemas com os quais nos defrontarmos, mais oportunidades surgirão.

Os dirigentes das organizações optam sempre por contratar profissionais que lhes facilitarão a vida. Certamente, nesse caso, os solucionadores de problemas terão mais probabilidade de engajamento. Na verdade, quando desenvolvemos esse tipo de postura que fortalece a nossa personalidade e segurança profissional, vamos também adquirindo maturidade e sensibilidade para avaliar os desafios que nos são colocados. Todavia, cada desafio deve ser convenientemente avaliado para estabelecermos as condições de superação, possibilitando que esse desafio seja realmente enfrentado com boas probabilidades de êxito.

Isso significa dizer que os desafios impostos pelo trabalho devem ser encarados com uma atitude avaliativa e de determinação para superá-los. Há um ditado persa, cheio de sabedoria, que diz: "Quem quer fazer dá um jeito e faz. Quem não quer improvisa uma desculpa". Certamente, cada um de nós é capaz de se lembrar de algum caso que exemplifique esse adágio. No mundo do trabalho, é muito comum nos defrontarmos com desculpas de pessoas que não querem assumir responsabilidades. É nesse contexto que as pessoas capazes de assumir encargos e dar conta completamente deles tornam-se importantes.

As pessoas devem se diferenciar exatamente naquilo que mais as organizações prezam, ou seja, responsabilidade, competência, capacidade resolutiva e espírito de colaboração. Esses atributos potencializam, em muito, a capacidade de engajamento no mercado de trabalho. Além disso, conferem segurança profissional a seus detentores, contribuindo fortemente para o seu êxito. Isso se realimenta permanentemente. Significa dizer que um profissional habituado a oferecer solução aos problemas com que se defronta tende, naturalmente, a desenvolver cada vez mais essa capacidade. Desse modo, eleva o seu conceito e, consequentemente, seu valor na organização em que trabalha.

Cabe registrar que o conceito de um bom profissional não se mantém restrito ao ambiente da organização em que trabalha. Sem dúvida, transborda para o ambiente externo e, portanto, para o mercado de trabalho, criando condições favoráveis à negociação salarial quando isso se demonstrar necessário. A segurança com que o profissional encara os desafios do trabalho deriva de um perfil adequado, da capacidade de se informar, da experiência que vai se acumulando, enfim, de uma atitude favorável à superação dos desafios. O somatório desses atributos contribui decisivamente para o desenvolvimento de uma carreira profissional bem-sucedida. Isso se mede, certamente, pela imagem consolidada de profissional competente, valorizado pelos colegas, pela organização a que pertence,

A SEGURANÇA COM QUE O PROFISSIONAL ENCARA OS DESAFIOS DO TRABALHO DERIVA DE UM PERFIL ADEQUADO, DA CAPACIDADE DE SE INFORMAR, DA EXPERIÊNCIA QUE VAI SE ACUMULANDO, ENFIM, DE UMA ATITUDE FAVORÁVEL À SUPERAÇÃO DOS DESAFIOS. O SOMATÓRIO DESSES ATRIBUTOS CONTRIBUI DECISIVAMENTE PARA O DESENVOLVIMENTO DE UMA CARREIRA PROFISSIONAL BEM-SUCEDIDA.

enfim, pelo mercado de trabalho. A consequência natural é sempre o reconhecimento no âmbito da família e a satisfação que tudo isso propicia ao indivíduo.

Expectativa quanto à absorção pelo mercado

A terceira questão levantada no início deste capítulo, ou seja, se seremos absorvidos pelo mercado, parece constituir a grande fonte de ansiedade dos que estão prestes a concluir uma formação profissional. Afinal, se investimos tempo, esforço e, em alguns casos, recursos financeiros na realização de um curso para desenvolver competências que nos habilitem ao trabalho, o que desejamos, enfim, é que, o mais rapidamente possível, o mercado nos absorva. Dois aspectos são muito importantes nesse sentido, a fim de que possamos tratar a questão de forma mais conveniente: se efetivamente estamos concluindo um curso adequado aos nossos talentos e propensões naturais; se estamos desenvolvendo uma boa capacidade resolutiva para lidar com os desafios do trabalho. Preenchidos esses requisitos, temos, seguramente, as condições indispensáveis ao êxito nos processos seletivos a que venhamos a nos submeter.

Haverá sempre lugar para os bons profissionais. Por mais que o mercado pareça restrito em determinado momento, no que se refere a alguma especialidade, é sempre seletivo no sentido de trocar os maus profissionais ou de médio desempenho pelos bons profissionais. Qualquer que seja o processo seletivo utilizado por uma organização e quaisquer que sejam os métodos adotados, ela sempre buscará aferir competência, responsabilidade, capacidade resolutiva e espírito colaborativo dos candidatos. Entenda-se aqui competência como o domínio dos conteúdos de conhecimentos próprios da especialidade profissional, bem como das técnicas e habilidades necessárias ao desempenho do cargo. Responsabilidade como a noção perfeita de que as atribuições são deveres a serem cumpridos sem que caibam desculpas injustificáveis. Faz parte também desse conceito a iniciativa que, certamente, pode ser vista como um aspecto da responsabilidade.

A capacidade resolutiva diferencia extraordinariamente as pessoas. Ela constitui, com toda certeza, um atributo muito valorizado pelas organizações, na medida em que pode proporcionar ganhos de toda ordem em termos de recursos e, principalmente, de tempo. O espírito colaborativo é, sem dúvida, um atributo indispensável num contexto em que o trabalho em equipe constitui a característica predominante nos arranjos produtivos internos das organizações. Esse conjunto de atributos é capaz de emprestar a seu detentor as condições necessárias para o seu engajamento no mercado de trabalho, bem como de

> POR MAIS QUE O MERCADO PAREÇA RESTRITO EM DETERMINADO MOMENTO, NO QUE SE REFERE A ALGUMA ESPECIALIDADE, É SEMPRE SELETIVO NO SENTIDO DE TROCAR OS MAUS PROFISSIONAIS OU DE MÉDIO DESEMPENHO PELOS BONS PROFISSIONAIS.

proporcionar-lhe mais celeridade no processo de ascensão funcional na carreira profissional.

Pelo fato de valorizarem, sobremodo, as características aludidas, as empresas tendem a privilegiá-las tanto nos processos de recrutamento e seleção quanto no tratamento que oferecem aos profissionais delas detentores. Além disso, procuram reter esses profissionais a todo custo, a fim de não perdê-los. Não se pode negar que os recursos mais importantes e indispensáveis às organizações são os recursos humanos. É da capacidade de seus profissionais que elas dependem para produzir, competir e se desenvolver. Os conhecimentos aqui referidos remetem à capacidade de relativizar as informações, de maneira a proporcionar o melhor discernimento quanto à tomada de decisão e ao desenvolvimento do trabalho.

Assim, podemos dizer, com toda segurança, que as pessoas constituem o patrimônio mais rico de uma organização. O mercado de trabalho está, certamente, por todos esses motivos, a todo momento, ávido por profissionais que reúnam os atributos aludidos ao longo deste tópico. Não constitui exagero afirmar que aqueles candidatos a emprego que, além da competência, demonstrem responsabilidade, capacidade resolutiva e espírito colaborativo têm grandes probabilidades de êxito em qualquer processo seletivo. Portanto, a ansiedade que deriva do estado de insegurança sobre a possibilidade de vir a ser absorvido pelo mercado de trabalho deve dissipar-se com a consciência que desenvolvemos sobre o fato de que esse mesmo mercado valoriza atributos que podemos desenvolver.

Naturalmente, o esforço que venhamos a empreender no desenvolvimento daqueles atributos, atitude que depende exclusivamente de nós mesmos, será o grande responsável pelo nosso êxito. Quando afirmamos que esses atributos dependem de nós mesmos, queremos dizer que a competência profissional depende efetivamente do nosso esforço. Os demais atributos estão ligados a valores que já desenvolvemos ou podemos desenvolver e dos quais somos portadores. O desenvolvimento de valores passa, necessariamente, por um processo educacional. Quando necessitamos trabalhar esses aspectos, não se trata de uma decisão que tomamos com base em um reconhecimento que nós próprios fazemos, mas, antes, em uma avaliação que nossos professores sempre são capazes de fazer e, a partir delas, orientar-nos.

> NÃO CONSTITUI EXAGERO AFIRMAR QUE AQUELES CANDIDATOS A EMPREGO QUE, ALÉM DA COMPETÊNCIA, DEMONSTREM RESPONSABILIDADE, CAPACIDADE RESOLUTIVA E ESPÍRITO COLABORATIVO TÊM GRANDES PROBABILIDADES DE ÊXITO EM QUALQUER PROCESSO SELETIVO.

Trata-se, claramente, de um esforço educativo voltado para o aperfeiçoamento de atributos que dependem de estudar a competência, mas também de um forte empenho em trabalhar o comportamento. Afinal, responsabilidade, capacidade resolutiva e espírito colaborativo são aspectos muito mais voltados ao que somos, a como vemos o mundo, a como nos relacionarmos com as pessoas, enfim, a nossas atitudes e nossos valores do que a qualquer outra coisa. Com base em uma avaliação do grau que apresentamos no que se refere a esses atributos, o que pode ser feito com ajuda de especialistas, devemos investir em sua melhoria.

Enfim, o caminho que levará a nossa absorção pelo mercado de trabalho deve ser aberto com o aperfeiçoamento de todas as características aludidas. Pode-se ter um considerável grau de certeza de que, dessa forma, nosso posto de trabalho estará garantido e de que nossa ascensão profissional se dará de maneira bem mais tranquila. Obviamente, não se trata de um processo espontâneo de absorção em que ficamos de braços cruzados à espera de que as coisas aconteçam. Pelo contrário, talvez esse seja o momento de nossas vidas em que necessitamos de maior determinação na busca incessante por um posto de trabalho. As maneiras pelas quais devemos empreender nossos esforços na busca de um engajamento profissional são tratadas no capítulo seguinte. Nele se exploram as possibilidades desse engajamento em organizações privadas e públicas, além da geração de oportunidades por meio do empreendimento do próprio negócio.

CAPÍTULO 2

Conquistando um lugar no mercado de trabalho

O trabalho, como foi dito anteriormente, constitui a centralidade de nossas vidas. É, sem dúvida, o elemento que nos empresta a dignidade necessária para termos uma existência honrada e contributiva à sociedade a que pertencemos. Nosso objetivo, portanto, desde que nos sintamos capazes e preparados para exercer essa missão, é buscar um engajamento profissional que nos proporcione a oportunidade de colaborar, por meio do nosso esforço e da nossa competência, para o desenvolvimento dessa mesma sociedade e, de outra parte, para prover os meios necessários à nossa subsistência.

Todo o esforço que despendemos no processo de formação profissional está orientado para o nosso engajamento no mundo do trabalho, logo que isso se demonstre possível. Assim, a par do processo formativo, gradativamente, já devemos dirigir nossas preocupações para a busca desse engajamento, o que pode dar-se de algumas maneiras distintas. É possível participar desse mundo do trabalho seja como empregados numa organização privada, seja como servidores públicos, seja, enfim, como empreendedores do nosso próprio negócio. Em um grande número de casos, a opção pelo empreendimento do próprio negócio acontece após várias tentativas de engajamento pouco exitosas ou, mesmo, depois de certo trabalho em algum tipo de organização.

É pouco frequente a tentativa de empreender o próprio negócio logo que se conclui um curso profissional, embora haja casos bem-sucedidos dessas iniciativas. Em verdade, essa é uma opção normalmente explorável após o desenvolvimento de alguma experiência. Isso, normalmente, acontece com certo tempo de trabalho em algum tipo de organização produtiva. Deve-se chamar a atenção para o fato de que grande número de iniciativas encontra sérias dificuldades. Esse fato ocorre porque os aspectos mais determinantes da viabilidade da empresa não são devidamente estudados, em razão da incipiente experiência do empreendedor – aspectos que serão objeto de algumas considerações adiante.

O objetivo deste capítulo é explorar as maneiras pelas quais podem ser dirigidos os esforços de engajamento no mundo do trabalho, considerando-se as distintas possibilidades. O que se pretende aqui é chamar a atenção para os desafios principais a cada uma das opções, considerando-se as dificuldades próprias a todas elas e as atitudes mais aconselháveis para que se elevem as probabilidades de êxito dos que caminham por essas sendas.

Antes de tudo, é indispensável que se tenha em mente a necessidade de empreender uma busca que privilegie a compatibilidade entre competências, talentos e propensões naturais, de um lado, e conteúdos dos postos de trabalho que estão sendo pretendidos, de outro. É, enfim, dessa compatibilidade que deverá resultar o aumento da probabilidade de êxito na vida profissional. Assim, a orientação oferecida para a busca de uma atividade profissional que se paute por privilegiar a aludida compatibilidade parece constituir aconselhamento importante a quem está prestes a concluir sua formação para o trabalho.

Os tópicos abordados adiante exploram as diferentes vertentes do encaminhamento profissional após a conclusão de um processo formativo. Elas podem ser resumidas, como já foi referido, na ocupação de um posto de trabalho em uma organização privada, em uma organização pública ou em um empreendimento próprio. Em termos mais abrangentes, essa última iniciativa envolve o trabalho autônomo como profissional liberal. De toda maneira, é natural que um profissional experimente todas essas alternativas, fixando-se naquela que mais realização lhe proporcione. Tudo passa também por uma avaliação das oportunidades que surgem e, portanto, pela escolha racional à luz da comparação entre o perfil do indivíduo e os conteúdos dos postos de trabalho que estão sendo objeto da escolha.

Ao escolher seu encaminhamento profissional, o recomendável é que todo o esforço seja dirigido para reconhecer a oportunidade que lhe proporcione uma carreira de crescimento e realização.

Os aspectos mais importantes dessas alternativas serão convenientemente esclarecidos a seguir. Nosso propósito é oferecer uma orientação que facilite o posicionamento e a atitude de quem está concluindo uma formação para o trabalho.

Cabe lembrar que, quando estamos nos preparando para um processo seletivo, nossa motivação é tanto maior quanto mais adequado é o cargo para o qual estamos concorrendo, segundo nosso perfil profissional.

Preparando-se para a seleção numa organização privada

Com o passar do tempo, o desenvolvimento das sociedades vai, naturalmente, ampliando o número de empreendimentos privados. A consequência natural dessa evolução é que a demanda por recursos humanos para o trabalho vem crescendo mais intensamente nesses setores produtivos do que a apresentada pelos órgãos públicos. No caso de países ou de regiões em desenvolvimento, essa demanda tende a crescer relativamente em ritmo mais lento.

A consequência desse fenômeno é que também a busca por postos de trabalho tende a se adequar a essa demanda. No marco desse processo de adequação, os novos profissionais devem buscar a compatibilidade entre os conteúdos dos cargos procurados e seu perfil. Devem partir para a busca do novo emprego e desenvolver todo o planejamento voltado para a identificação de possibilidades, inscrição, preparação, submissão a processos seletivos e admissão no novo emprego.

A identificação de possibilidades de emprego constitui uma etapa importante do processo, uma vez que não é qualquer posto de trabalho que nos interessa. Trata-se de uma triagem criteriosa para selecionarmos as funções que atendem ao que buscamos e que estão de acordo com nossa formação e, por conseguinte, oferecem-nos perspectivas de realização e crescimento. Cabe lembrar que, quando estamos nos preparando para um processo seletivo, nossa motivação é tanto maior quanto mais adequado é o cargo para o qual estamos concorrendo, segundo nosso perfil profissional.

Assim, por cuidado e previdência, devemos excluir do rol de possibilidades os cargos menos adequados à nossa formação ou aqueles para os quais não nos sentimos motivados. Ou, ainda, aqueles para cuja preparação ao processo seletivo devemos despender enorme energia. Adiante, serão apresentados alguns meios úteis na busca da identificação de um rol de possibilidades de emprego, a fim de que tenhamos condição de selecionar os cargos para os quais gostaríamos de concorrer.

CADASTROS DE EMPRESAS MANTIDOS POR INSTITUIÇÕES DE ENSINO

Normalmente atualizados, esses cadastros costumam indicar as vagas para as quais algumas organizações estão necessitando de profissionais. Habitualmente, elas indicam os cargos, bem como os requisitos para seu preenchimento. Em certos casos, oferecem informações complementares aos setores da instituição responsável pela manutenção dos cadastros. Esse aspecto deve ser explorado na medida do possível, porquanto essas informações podem constituir elemento de ajuda no processo de preparação para a seleção.

REVISTAS ESPECIALIZADAS

É bastante frequente a divulgação de processos seletivos, mais notadamente para cargos técnicos, em periódicos especializados. Nesses casos, a recomendação é obter as revistas de maior circulação na área profissional de interesse. Recomenda-se também identificar as bibliotecas que mantêm a coleção desses periódicos, a fim de que possamos acompanhar, de maneira menos onerosa, a procura por profissionais por elas veiculada.

PÁGINAS DE EMPRESAS NA INTERNET

Muitas empresas costumam divulgar os processos seletivos em suas páginas na internet. Às vezes, chegam a realizar por esse meio parte dos processos seletivos. Nesses casos, a busca por oportunidades de emprego possibilita uma varredura, utilizando-se de palavras-chave reunindo título de cargo, especialidade, gênero de negócio e, até mesmo, o nome do grupo empresarial ou da empresa em particular. Há casos de empresas que conduzem boa parte do processo seletivo por meio da própria página na internet, iniciando pela inscrição do candidato e recepção do *curriculum vitae*. A partir daí, desenvolvem parte dos testes seletivos para, apenas na etapa final, aplicar os testes presenciais e entrevistar os candidatos.

AGÊNCIAS DE EMPREGO

Vem proliferando, nos últimos tempos, um tipo de prestação de serviço de grande utilidade para as pessoas que estão em busca de emprego: agências de emprego. Há agências que se especializam em manter cadastro de empregos e que, mediante o pagamento de uma taxa, examinam o *curriculum vitae* dos candidatos e os encaminham para as empresas que estão precisando daquele tipo de profissional. O candidato deve ter o cuidado especial, nesses casos, de observar se a adequação do cargo a seu perfil profissional constitui elemento indispensável para que se interesse pelo emprego.

SISTEMA NACIONAL DE EMPREGO (SINE)

Trata-se de uma agência de emprego mantida pelo poder público. Atua nos mesmos moldes que as agências privadas referidas no item anterior, entretanto não cobra as taxas exigidas por aquelas. Os cuidados dos candidatos devem ser os mesmos adotados em relação às agências privadas. O Sine mantém agências de emprego em todas as capitais de estados e cidades de médio e grande porte do país.

Conforme foi frisado, cultivar um bom relacionamento com colegas e professores é muito salutar para se manter um contínuo fluxo de informações relacionadas a oportunidades de emprego. Muitas vezes, são elas que nos levam a conquistar um cargo adequado à nossa formação e para o qual estamos motivados. No que diz respeito ao processo de inscrição, habitualmente as empresas exigem o preenchimento de uma ficha própria, na qual são solicitadas informações curriculares. Nesses casos, o candidato deve responder exatamente o que é perguntado ou preencher exatamente a informação para a qual há um campo destinado.

No tocante a questões referentes a expectativas salariais, é necessário ter bastante cuidado com o que se responde. É muito importante que o candidato esteja informado sobre os níveis salariais praticados pelo mercado relativamente ao cargo objeto da pretensão. Esse dado é relevante, a fim de que o candidato não seja desclassificado, de imediato, por manifestar pretensões muito abaixo ou muito acima dos valores praticados pelas empresas para aquele tipo de cargo.

Caso as informações curriculares não sejam solicitadas no formulário de inscrição, é necessário que seja apresentado o *curriculum*, a fim de que a formação e a experiência do candidato sejam examinadas pela equipe responsável pelo processo seletivo. Todas as informações devem ser respaldadas em documentação comprobatória, de modo a não restar dúvida sobre sua veracidade. Normalmente, a ordem das informações que constituem o *curriculum vitae* é a seguinte:

- *Identificação*: Devem ser apresentados todos os dados referentes à identificação: nome completo, estado civil, naturalidade, filiação, número da carteira de identidade, data de nascimento, e-mail e endereço residencial.
- *Formação*: Formação básica, formação profissional complementada, quando for o caso, por cursos de extensão, aperfeiçoamento, capacitação e pós-graduação – especialização, mestrado ou doutorado.
- *Produção intelectual*: Livros ou capítulos de livros na condição de autor ou coautor; artigos, planos, projetos, estudos, relatórios, obras de arte, responsabilidade técnica e outros trabalhos do gênero.
- *Experiência profissional*: Estágios de formação; empregos anteriores, com especificação dos cargos ocupados; emprego atual, com especificação do cargo ocupado.

- *Aprovação em processos seletivos anteriores*: Lista de todos os processos seletivos em que foi aprovado com boa classificação.

Preenchida a ficha de inscrição, anexando-se, quando for o caso, o *curriculum vitae*, o candidato deve aguardar a comunicação da empresa relativamente à etapa subsequente. Esta deverá ser constituída dos procedimentos de avaliação do candidato, caso tenha sido classificado para essa fase do processo, em função das informações constantes da ficha de inscrição e do *curriculum vitae*. Inicia-se, então, o período em que o candidato deve empreender todo o esforço possível no sentido de se preparar convenientemente para a seleção propriamente dita.

Os testes aplicados, seja pela página da empresa na internet, seja presencialmente, vão buscar aferir a competência profissional para o bom desempenho no cargo e também aspectos como responsabilidade, iniciativa e capacidade resolutiva e de trabalho em equipe. Evidentemente, se o candidato estiver atento a esses aspectos, tanto maior será sua probabilidade de êxito.

A entrevista, que normalmente consta dessa fase, constitui aspecto crucial do processo seletivo, uma vez que permite à equipe responsável pela seleção e ordenamento dos classificados conhecê-los melhor em termos de competência. Permite também avaliá-los no que diz respeito àquelas características tão valorizadas hoje pelas organizações às quais já nos referimos. Além disso, o candidato deve dedicar boa parte do tempo da etapa preparatória à reunião de informações sobre a empresa objeto de sua pretensão: o que produz, qual seu porte, quais os principais concorrentes, em que ponto da cadeia produtiva se localiza, quais são seus grandes fornecedores, a que clientes e mercados destina sua produção, entre outras.

Demonstrar essa visão do todo é muito importante, na medida em que isso pode diferenciar o candidato. A maioria das pessoas tem uma percepção bastante estreita e superficial da empresa em que trabalha. Isso não ajuda em nada no desenvolvimento da criatividade dos ocupantes de cargos. A postura do candidato, durante a entrevista, é também elemento bastante observado. Nessa oportunidade, o candidato deve atentar cuidadosamente à formulação das questões, sem interromper o entrevistador; oferecer respostas claras e objetivas, com calma e voz pausada e clara; solicitar esclarecimento quando a questão não tenha sido suficientemente compreendida; adotar uma atitude gentil. Esses são aspectos do comportamento para os quais se deve atentar com muito cuidado.

De outra parte, a boa apresentação do candidato no momento da entrevista é fundamental para a fixação de uma boa impressão na equipe responsável pelo processo seletivo. Aqui queremos nos referir à demonstração de preocupação com bons hábitos de higiene corporal e de sobriedade no vestir.

Vencidas todas essas etapas, só resta ao candidato aguardar o resultado da seleção. No caso de não obter êxito, deve refletir bastante sobre seu desempenho e tirar o máximo possível de lições. Os processos em que não tivemos êxito são muito ricos por nos proporcionar elementos indicadores dos pontos em que podemos melhorar e em que devemos nos aprofundar. Enfim, apontam o que devemos fazer para elevar nosso potencial de melhoria de classificação num processo seletivo para o cargo que estamos buscando como ocupação profissional. Portanto, não devemos nos abater psicologicamente com um resultado desfavorável. Ao contrário, esses resultados devem constituir razão e motivo para a retomada dos esforços no sentido de nos prepararmos melhor para as próximas tentativas.

Preparando-se para a seleção numa organização pública

Outra grande possibilidade de engajamento profissional é, certamente, um posto de trabalho em uma organização pública. O setor público é constituído de organizações que se distribuem entre os poderes Executivo, Legislativo e Judiciário, nos distintos níveis em que se organiza a administração pública, ou seja, federal, estadual e municipal. Neste último, não há organizações do Poder Judiciário, que atua apenas nos níveis federal e estadual. Trata-se de um campo extraordinariamente amplo, que enseja enorme gama de cargos e, por consequência, ampla possibilidade de engajamento profissional. Todas as formações profissionais estão contempladas, em todos os graus, nessa imensa área.

A via de admissão ao emprego nos setores públicos é, por força da Constituição, o concurso público. Assim,

A VIA DE ADMISSÃO AO EMPREGO NOS SETORES PÚBLICOS É, POR FORÇA DA CONSTITUIÇÃO, O CONCURSO PÚBLICO. ASSIM, TODOS OS CIDADÃOS, ATENDIDAS AS REGRAS ESTABELECIDAS EM EDITAL PÚBLICO, PODEM CONCORRER EM CONDIÇÕES DE IGUALDADE.

todos os cidadãos, atendidas as regras estabelecidas em edital público, podem concorrer em condições de igualdade. Esse setor constitui, portanto, amplo campo de trabalho. Por isso, nos últimos anos, tem atraído a atenção de grande parte das pessoas que concluem um curso profissional. Dessa forma, cabe considerar essa vertente de engajamento com responsabilidade e muito empenho no processo de preparação.

É necessário, entretanto, que se destine um bom esforço à busca de informações sobre novos concursos, à escolha dos mais adequados ao nosso perfil profissional, à organização da documentação exigida para a inscrição e à preparação para as provas. No tocante a informações sobre novos concursos, essa busca deve dar-se de maneira organizada e constante.

Essa pesquisa deve ser feita da forma mais ampla possível, de modo que não permita que nenhuma oportunidade escape à nossa avaliação. Ela pode ser realizada mediante um levantamento inicial de periódicos especializados na divulgação de concursos públicos. A partir daí, escolhem-se aqueles mais abrangentes, devendo-se depois adquiri--los de maneira constante, seja por assinatura, seja pela compra avulsa em locais onde são distribuídos.

Uma segunda possibilidade de informação é por meio da internet. Para tanto, devemos acompanhar a publicação dos editais públicos sobre concursos veiculados por esse meio. Tal processo, todavia, não garante que estejamos completamente sintonizados com todos os editais publicados, visto que alguns, com certeza, vão nos escapar. Portanto, essa forma de acompanhamento deve ser considerada uma maneira complementar de obter informações.

A busca por informações pode ser eficaz e eficientemente desenvolvida por meio de páginas especializadas em concursos públicos na internet, ou mesmo pelas páginas das instituições que promovem os concursos. A coleta de informações de maneira abrangente dá a oportunidade de organizá-las por grupo de cargos que nos interessam em termos de adequação ao nosso perfil profissional e de motivação para abraçarmos a carreira. Vale ressaltar que essa escolha se dá mediante a consideração de uma série de fatores, como tipo de cargo, plano de carreira, instituição pública, âmbito do poder que está promovendo o concurso, possibilidade futura de transferência e vagas disponíveis por região do país ou Estado.

Após essas providências, devemos ter acesso aos respectivos programas, normalmente publicados com os editais. Entretanto, em alguns casos, são distribuídos no ato da inscrição. Os programas são levados muitas vezes em consideração pelo candidato, antes de decidir se deve ou não submeter-se ao concurso. Por isso, é conveniente que se tenha acesso ao programa antes de efetivar o ato de inscrição. Isso é salientado tendo em vista que o exame do programa oferece uma ideia precisa do grau de sua adequação à nossa formação, possibilitando-nos aferir, antecipadamente, o esforço que deveremos despender no processo de preparação para nos submetermos aos exames seletivos.

De outra parte, o programa do concurso oferece indicações sobre a bibliografia da qual deveremos dispor para nos prepararmos convenientemente. O exame da bibliografia indicada permite uma avaliação do material bibliográfico que temos e do que deverá ser ainda adquirido ou emprestado de amigos ou bibliotecas. O material de estudo, às vezes, é fornecido por cursos preparatórios. Nesse caso, é imprescindível que estejamos matriculados no curso específico para o concurso ao qual pretendemos nos submeter. Em síntese, é necessário que planejemos todo o processo preparatório, e esse planejamento deve considerar todos os aspectos envolvidos, destacando-se os seguintes.

MATÉRIAS COM OS RESPECTIVOS PROGRAMAS

O programa geral do concurso consta do edital ou é distribuído no ato da inscrição. A apreciação do programa referente a cada matéria permite, de um lado, organizar, a partir de uma hierarquia, os assuntos que devem ser objeto do nosso esforço de estudo e, de outro lado, verificar o material bibliográfico do qual faremos uso.

TEMPO DISPONÍVEL PARA OS ESTUDOS PREPARATÓRIOS AO CONCURSO

Entre nossa decisão em nos submetermos a um concurso e a data de realização, medeia um espaço temporal que deve ser maximamente aproveitado. Podemos utilizar esse tempo para frequentar um curso preparatório especialmente voltado para o concurso em que nos inscrevemos. Paralelamente, devemos empreender uma atividade de estudo dirigida ao acompanhamento das matérias ministradas no curso. Podemos, ainda, realizar o estudo sem nos matricularmos em nenhum curso preparatório. De todo modo, é imprescindível que consigamos dimensionar bem o tempo que dedicaremos a cada tópico a ser estudado. É indispensável que planejemos bem nosso tempo, a fim de cobrirmos todos os assuntos, priorizando aqueles nos quais nos sentimos menos preparados.

PROVAS JÁ APLICADAS EM CONCURSOS SEMELHANTES

Normalmente, as organizações responsáveis pelos concursos públicos colocam à disposição dos candidatos provas aplicadas em concursos semelhantes já realizados. Essas provas são extremamente úteis para o treinamento dos candidatos. Nesse caso, é muito importante que se utilizem as provas para aferir o grau de domínio dos assuntos, possibilitando assim um direcionamento dos estudos para os aspectos nos quais o desempenho se manifestar menos satisfatório. Cabe chamar a atenção para o fato de que se deve fazer um treinamento intenso voltado à compreensão dos enunciados das questões das provas. É da boa compreensão desses enunciados que depende, em grande medida, o desempenho do candidato. Em muitas questões, a armadilha está exatamente no enunciado. Portanto, é indispensável que ele seja lido com muita concentração e que o candidato seja capaz de repeti-lo para testar o grau de compreensão que teve da leitura.

AMBIENTE PARA O DESENVOLVIMENTO DOS ESTUDOS

É de fundamental importância que o candidato disponha de um local adequado ao desenvolvimento dos estudos. O ambiente deve ser silencioso, convenientemente iluminado e arejado e, de preferência, proporcionar certo grau de isolamento, a fim de que as interrupções provocadas por outras pessoas não contribuam para a diminuição do ritmo de estudo. Se o candidato não dispuser de um local com essas características, deve procurar uma biblioteca ou pode estudar com algum colega que também esteja se preparando para o concurso. O importante é dispor de condições adequadas à atividade de leitura.

MÉTODO DE ESTUDO UTILIZADO NO PROCESSO DE PREPARAÇÃO PARA O CONCURSO

Aqui reside um dos aspectos mais importantes e definidores do êxito do candidato. A escolha do método de estudo envolve considerações do tipo: Vou frequentar um curso preparatório? Vou estudar em grupo? Vou dedicar tempo integral aos estudos preparatórios? A resposta a cada uma dessas questões pode condicionar o método que oferecerá melhores resultados. Se optamos por um curso preparatório, devemos colher informações sobre os que estão disponíveis, os preços praticados, os horários de aulas e, o mais importante, a experiência dos cursos e o êxito dos candidatos que os frequentaram. Essas informações ajudam a escolher o curso mais adequado às nossas condições. Todavia, a experiência deve ser o aspecto mais valorizado nessa avaliação.

Caso optemos por um curso preparatório, o tempo que nos resta deve ser bem distribuído com as atividades de estudo, sempre obedecendo a um planejamento que privilegie a cobertura integral do programa. Duas horas de estudo diário, por exemplo, dedicadas com alto nível de concentração, são mais proveitosas do que quatro horas de estudo interrompidas, muitas vezes, por todo tipo de motivos. Se pudermos dedicar os horários matinais às atividades de estudo, com toda certeza, os resultados serão bem melhores, visto que pela manhã, com a mente descansada, o rendimento é mais produtivo.

Se optarmos por não frequentar um curso preparatório, devemos distribuir o tempo de modo que estudemos mais de uma matéria por dia, uma vez que isso facilitará o processo de manutenção da concentração, que tende a relaxar quando dedicamos muito tempo a um único assunto. No mais, o tempo dedicado aos estudos, nesse caso, deve ser, naturalmente, maior. Sempre devemos estar atentos à condução equilibrada da cobertura dos assuntos, dirigindo maior esforço para aqueles nos quais sentimos mais dificuldade.

Devemos considerar com bastante cuidado se empreenderemos um esforço para estudar sozinhos ou em grupo. O grupo de estudo deve ser constituído de um pequeno número de pessoas, a fim de que seja possível a consideração simultânea do mesmo assunto e de que o grupo funcione como se pretende. Além disso, o grupo deve ser integrado por pessoas que se considerem e se respeitem mutuamente, de maneira que as atividades se desenvolvam sempre da melhor forma. A disponibilidade de tempo de todos deve ser a mesma para que a agenda de trabalho seja cumprida sem problemas e não se perca tempo com algum integrante que, eventualmente, tenha faltado a alguma sessão de estudo.

Um grupo de estudo funciona muito bem quando existe complementaridade entre os integrantes, isto é, quando os participantes detêm competências distintas e complementares, garantindo bom rendimento das atividades preparatórias. Dessa forma, uns se beneficiam do fato de que outros apresentam melhor desempenho em alguma matéria e todos terminam por tirar proveito do estudo realizado em grupo. A dedicação integral à preparação para o concurso é outro aspecto a ser considerado. Há casos em que os candidatos ainda não se engajaram no mercado de trabalho e, portanto, dispõem de muito tempo para os estudos preparatórios. Há outros em que os candidatos têm a possibilidade de gozar de um período de férias ou de alguma licença para dispor de mais tempo no processo de preparação.

Nesses casos, há uma vantagem quanto à disponibilidade de tempo que não deve ser, em nenhuma hipótese, desperdiçada. Assim, o máximo de tempo deve ser dedicado aos estudos, tendo-se em mente que o mais importante é manter um bom nível de concentração durante as leituras e os exercícios de treinamento. Aconselha-se que sejam projetados intervalos a cada duas horas de trabalho para o descanso mental. Em qualquer caso, o melhor rendimento sempre se consegue nos horários matutinos. Para que se preserve a boa capacidade de retenção dos conhecimentos, é aconselhável ter um período bom e regular de sono. Isso descansa a mente e proporciona disposição para as atividades de estudo.

REALIZAÇÃO DAS PROVAS

O momento de realização das provas chega mais depressa do que se espera. No dia da prova, deveremos estar preparados tanto no conhecimento das matérias como também psicologicamente. Se tivermos cumprido o que foi planejado em relação à cobertura dos assuntos constantes do programa do concurso, estaremos tranquilos. Esse estado oferece boa condição psicológica, porquanto tende a minimizar a ansiedade que costumamos sentir nesses momentos. No dia anterior à realização das provas, devemos suspender todas as atividades intelectuais, a fim de que possamos descansar a mente o máximo possível. Esse descanso deve prolongar-se durante a noite anterior ao concurso, buscando-se obter um bom período de sono que nos recupere a capacidade de nos concentrarmos ao máximo, o que será exigido durante as provas.

Se o concurso for realizado em uma cidade para a qual temos de nos deslocar, é fundamental tomar essa providência de modo que possamos estar no local com um dia de antecedência. Dessa forma, evitaremos eventuais atropelos de última hora, que só trazem aborrecimentos e aumentam nossa ansiedade. Uma providência recomendável é conhecer os locais das provas no dia anterior à sua realização. Isso também contribui para melhorar a nossa segurança e diminuir nosso nível de ansiedade.

Devemos também nos certificar de que estamos portando toda a documentação exigida e, ainda, o material necessário à realização das provas. Além disso, é fundamental acertar o despertador para um horário que nos dê tempo para tudo o que devemos fazer antes de nos dirigirmos ao local das provas. Ali chegando, o desafio consiste em compreender muito bem as questões e em respondê-las à luz dos conhecimentos que conseguimos acumular durante o período de preparação.

O recomendável é respondermos somente às questões às quais tivermos absoluta certeza de que estamos corretos. As provas objetivas são construídas para confundir os candidatos e, portanto, nas questões que não estivermos muito seguros é melhor não responder, pois se o fizermos estaremos correndo um grande risco de perder pontos.

A marcação das respostas, todavia, só deve ser realizada de maneira definitiva após uma revisão criteriosa de toda a prova e de todas as opções oferecidas. Isso porque aspectos de uma questão são, às vezes, esclarecidos por outras, fato que nos aclara a mente e favorece uma resposta acertada. Assim, devemos utilizar todo o tempo disponível para as respostas das questões e fazer uma revisão criteriosa. Por último, faremos o preenchimento definitivo da folha de respostas. Essa prática favorece também a detecção de eventuais enganos que tenhamos cometido e, portanto, aumenta a probabilidade de êxito.

A não aprovação em um concurso ou, eventualmente, uma classificação muito distante que indique baixa probabilidade de sermos convocados no período de validade do processo seletivo não deve, em nenhuma hipótese, nos desestimular. Nos casos de insucesso, convém identificar as razões determinantes do resultado desfavorável e ter, nas conclusões a que chegarmos, uma orientação para o esforço que devemos empreender, no sentido de nos prepararmos adequadamente para os próximos desafios. Sabe-se que grande número dos candidatos que logram êxito em concursos públicos tem bom histórico de concursos anteriores em que foram malsucedidos. A experiência é, normalmente, um elemento a ser considerado nesses casos.

Empreendendo o próprio negócio

Uma terceira opção para o engajamento no mundo do trabalho é, sem dúvida, o empreendimento do próprio negócio, alternativa que propicia uma atividade de trabalho. Quando bem-sucedida, pode levar o empreendedor à prosperidade financeira, à ampliação do número de pessoas com quem se relaciona, ao aumento da capacidade de influir no meio circundante, entre outras conquistas. Essa vertente exige do indivíduo um perfil muito especial, com outras características além daquelas referidas anteriormente, isto é: competência, responsabilidade, capacidade resolutiva e espírito colaborativo.

Podem ser consideradas características especiais a quem empreende a determinação, a visão de futuro, a capacidade de coordenar e a de correr riscos com tranquilidade. A ausência de uma ou mais dessas características pode comprometer o êxito de quem resolva empreender um negócio. As dificuldades naturais que surgem no início e durante a vida de um empreendimento exigem do

> Nos casos de insucesso, convém identificar as razões determinantes do resultado desfavorável e ter, nas conclusões a que chegarmos, uma orientação para o esforço que devemos empreender, no sentido de nos prepararmos adequadamente para os próximos desafios.

PODEM SER CONSIDERADAS CARACTERÍSTICAS ESPECIAIS A QUEM EMPREENDE A DETERMINAÇÃO, A VISÃO DE FUTURO, A CAPACIDADE DE COORDENAR E A DE CORRER RISCOS COM TRANQUILIDADE.

empreendedor vontade inabalável, isto é, grande determinação. Do contrário, a empresa sucumbe e, com ela, o empreendedor. Portanto, a determinação deve ser uma característica presente em quem opta pela iniciativa empresarial própria.

A visão de futuro constitui, certamente, elemento indispensável a quem quer empreender, dado que a percepção dos cenários que se desenham no horizonte com certeza ajuda nas decisões feitas no presente. As decisões de hoje têm resultados no futuro de curto, médio e longo prazos. Por isso, é indispensável que sejam tomadas com base em uma avaliação do que está para acontecer nesses prazos referentemente aos ambientes que interessam à vida da empresa.

A capacidade de coordenar favorece o empreendedor, na medida em que ele necessita cuidar de muitos assuntos e tomar diversas providências ao mesmo tempo, além de emitir uma série de comandos simultâneos e harmonizados. Muitas vezes, dessa capacidade dependem certas conquistas empresariais, visto que o número de variáveis envolvidas no dia a dia da administração de uma empresa é muito elevado.

Por fim, a capacidade de correr riscos com tranquilidade é um aspecto psicológico indispensável a quem empreende, porque esses indivíduos aplicam no empreendimento recursos financeiros próprios, de terceiros e, em muitos casos, oriundos de empréstimo. Trata-se, portanto, de uma atividade que envolve riscos, naturalmente de maior ou menor grau. Mas esses riscos precisam ser enfrentados com tranquilidade, sob pena de o empreendedor ver sua vida transformar-se em sofrimento pelo desconforto causado pela ansiedade.

Essas são características extremamente importantes para o êxito de um empreendedor, pois ajudam a enfrentar as dificuldades. A capacidade de empreender está presente, em geral, em indivíduos inquietos e inconformados com as limitações do trabalho que lhes são impostas. Além disso, são pessoas que reconhecem oportunidades de negócio com facilidade e são capazes de avaliar as possibilidades de êxito de seus projetos. O perfil daquele que empreende necessita contar, ainda, com os traços aos quais nos referimos inicialmente. A competência, a responsabilidade, a capacidade resolutiva e o espírito de equipe conferem ao indivíduo a liderança indispensável para comandar outras pessoas. Constituem atributos imprescindíveis a quem conduz organizações produtivas.

O perfil adequado, por si só, não garante o êxito de um empreendimento, tendo em vista que depende de uma série de variáveis, muitas das quais escapam ao controle do empreendedor. Entre as variáveis que podem estar sob seu controle inscrevem-se todas aquelas que se relacionam com os estudos de viabilidade do novo empreendimento. Entre as que escapam ao controle do empreendedor, situam-se aquelas que dizem respeito às transformações no ambiente externo das organizações e sobre as quais ele nada pode fazer, além de buscar prevê-las. Trata-se de uma avaliação a ser realizada com a antecedência necessária à tomada de decisões. Essa medida preventiva pode proporcionar

O PERFIL ADEQUADO, POR SI SÓ, NÃO GARANTE O ÊXITO DE UM EMPREENDIMENTO, TENDO EM VISTA QUE DEPENDE DE UMA SÉRIE DE VARIÁVEIS, MUITAS DAS QUAIS ESCAPAM AO CONTROLE DO EMPREENDEDOR.

à empresa a capacidade de aproveitar as oportunidades e de contornar as ameaças engendradas pelo ambiente em que a organização esteja inserida.

No tocante aos estudos de viabilidade, dos quais depende fortemente o êxito do empreendimento, cabe fazer algumas considerações importantes. Em primeiro lugar, mesmo quando se trata de empreendimento de pequeno porte, esses estudos devem ser realizados por instituições que tenham experiência comprovada nesse tipo de atividade. Um bom exemplo de instituição com esse perfil é, certamente, o Sebrae, que dispõe de agências em todas as capitais do país e em cidades de grande e médio porte.

Mas isso não significa que o próprio empreendedor, caso tenha formação suficiente ou orientação de algum professor, não possa formular seu plano de negócio, como é usual chamar esses estudos. Um plano de negócio bem realizado constitui, certamente, orientação útil para a decisão de empreender. É, como se poderia dizer, uma boa vacina contra o malogro e a frustração. Um plano de negócio adequado deve contemplar os elementos definidos a seguir.

IDENTIFICAÇÃO DA EMPRESA

Esse item envolve os seguintes aspectos: informações relacionadas ao que a empresa pretende produzir ou aos serviços que tenciona prestar; macro e microlocalização da empresa; mercado que pretende atender; eventuais concorrentes; produtos eventualmente substitutos; principais fornecedores e respectivo poder de negociação; dificuldades para entrar no negócio; possibilidades de integração vertical de clientes ou de fornecedores; possibilidades de expansão futura; e porte inicial da empresa.

VIABILIDADE COM RELAÇÃO AO MERCADO

Direciona-se aos seguintes pontos: avaliação do mercado do produto ou serviço, preços praticados e comparação com a capacidade dos concorrentes e produtores de bens ou serviços substitutos para aferição da demanda insatisfeita; portanto, dimensionamento do espaço para o negócio; possíveis fornecedores para escolha dos mais capazes e com preços convenientes, respeitada a qualidade das matérias-primas, partes e materiais complementares, insumos e todos os serviços necessários; porte recomendável para o empreendimento iniciar suas atividades e seu programa de produção.

VIABILIDADE TÉCNICA

Descrição do processo produtivo; descrição das instalações principais, secundárias e complementares; especificação de máquinas e equipamentos necessários às operações, fornecedores e prazos de atendimento; mão de obra especializada e *know-how* exigido.

VIABILIDADE ECONÔMICA

Envolve os seguintes aspectos: investimentos projetados; receita projetada; custos fixos, variáveis e totais projetados; ponto de nivelamento; capacidade de pagamento em vários estágios acima do ponto de nivelamento e a plena capacidade de operação.

VIABILIDADE FINANCEIRA

Contempla aspectos, tais como: esquema de financiamento projetado; recursos próprios, de terceiros e oriundos de financiamento bancário; fluxo de caixa projetado; lucro projetado; taxa de retorno do investimento.

ESTRATÉGIA COMPETITIVA DA EMPRESA

Com base nesse item, é possível identificar a estratégia dos principais concorrentes, bem como a escolha de um posicionamento estratégico de liderança no custo, de diferenciação ou de enfoque com especificação das medidas a serem tomadas para se pôr em prática a estratégia escolhida. A escolha de uma estratégia competitiva remete, necessariamente, à imprescindibilidade da formulação de um plano estratégico para a empresa em implantação. É importante que se tenha em consideração o fato de que as melhores rentabilidades são apresentadas pelas empresas que sabem escolher e adotar uma boa estratégia competitiva. Normalmente, essas empresas apresentam lucratividade acima da média daquela verificada no setor de atividades em que se encontram. Assim, recomenda-se que, mesmo na fase inicial, sejam desenvolvidos estudos voltados à escolha de uma estratégia, o que pode e deve ser feito no âmbito do plano de negócio formulado inicialmente.

Esses pontos cobrem os aspectos que devem ser estudados com muito cuidado antes de se tomar a decisão de empreender um negócio. Eles vão indicar a viabilidade e, portanto, ajudar a tomar uma decisão consciente e responsável. Caso a viabilidade do negócio fique demonstrada, os elementos analisados ajudam ainda a convencer terceiros a participar do empreendimento, quando for o caso. De outra parte, contribuem para a obtenção de financiamentos bancários necessários à viabilidade do negócio. Além disso, esses estudos servem de orientação ao empreendedor na fase de implantação da empresa e nas etapas seguintes de funcionamento.

Outro aspecto da mais alta relevância a ser observado desde o início é aquele que se relaciona com os recursos humanos com que a empresa deve contar, os quais devem ser da melhor qualidade, isto é, contar com um perfil caracterizado pela competência, responsabilidade, capacidade resolutiva e espírito de equipe. Com pessoas assim, não é difícil conduzir uma organização. O seu êxito depende, em grande medida, da qualidade e motivação dos recursos humanos com que conta.

Desenvolvidos os estudos iniciais e formulado o plano de negócio que indica a viabilidade da empresa que se pretende implantar, resta a decisão de fazê-lo. Tomada a decisão de implantar o empreendimento, avulta a importância das características especiais citadas: determinação, visão de futuro e capacidade de coordenar e correr riscos com tranquilidade. É nesse momento que a determinação começa a ser exigida para as providências iniciais necessárias, tais como o eventual convencimento de terceiros a participar do negócio e o relacionamento com instituições de crédito para a tomada dos empréstimos previstos no esquema de financiamento projetado. Essa determinação continua a ser exigida ao longo de toda a vida da empresa. A capacidade de correr riscos com tranquilidade começa a ser exigida no instante em que o empreendedor passa a assumir os riscos relacionados aos compromissos celebrados e continua a ser indefinidamente demandada. A capacidade de coordenar é indispensável desde o início das providências atinentes à implementação e, como as demais, imprescindível enquanto a empresa existir. Não se pense, todavia, que a visão de futuro é necessária apenas no momento da concepção do empreendimento em razão da necessidade de uma boa ideia. De uma permanente e acurada visão de futuro pode depender o êxito de um negócio. Finalmente, todas essas características devem estar presentes em um bom empreendedor, a fim de que reúna as condições imprescindíveis ao êxito empresarial.

As iniciativas de empreender acontecem nos mais variados setores da atividade produtiva. Essas atividades se agrupam em sistemas que possuem uma lógica muito própria e exibem características bem diferentes. Os sistemas produtivos são agrupados em seis categorias, que reúnem os diferentes tipos de organização. São eles: empreendimentos extrativos minerais, vegetais ou animais; empreendimentos de cultivo animal ou vegetal; empreendimentos manufatureiros; empreendimentos de transporte; empreendimentos comerciais; e empreendimentos de serviço.

Uma iniciativa empresarial pode ser estruturada em qualquer desses sistemas produtivos ou, eventualmente, numa combinação deles. Atividades profissionais de caráter individual também se desenvolvem em cada um desses sistemas, como garimpagem, extração vegetal, pesca, agricultura, criação, artesanato, transporte de mercadorias, mototáxi, táxi, pequeno comércio e uma série inumerável de outras atividades. O sistema de serviços, da mesma forma, comporta empreendimentos estruturados, como empresas ou operados simplificadamente por um prestador de serviço. Nesse caso, deve ser um profissional especializado, com capacitação formal, que atue de maneira autônoma.

MESMO CONSTITUINDO UMA ATIVIDADE QUE PODE SER CONDUZIDA COM FACILIDADE, EM RAZÃO DE NÃO DEPENDER DA ADMINISTRAÇÃO DE UMA ORGANIZAÇÃO EMPRESARIAL, O PRESTADOR DE SERVIÇOS AUTÔNOMO PRECISA ATENTAR PARA TODOS OS ASPECTOS QUE TÊM A VER COM A VIABILIDADE DO QUE PRETENDE FAZER.

Essa é uma possibilidade que deve ser considerada quando a especialidade profissional ensejar uma atividade a ser desenvolvida sem a exigência de constituir uma empresa. Nesses casos, o prestador de serviços necessita apenas se tornar conhecido como profissional competente e íntegro para se afirmar. Evidentemente, tornar-se conhecido e ser contatado facilmente são condições imprescindíveis à demanda pelos seus serviços profissionais. Mesmo constituindo uma atividade que pode ser conduzida com facilidade, em razão de não depender da administração de uma organização empresarial, o prestador de serviços autônomo precisa atentar para todos os aspectos que têm a ver com a viabilidade do que pretende fazer.

Outros requisitos muito importantes são: existência de demanda para o serviço; quantidade de prestadores concorrentes e espaço de mercado por explorar; preços praticados; custos para a prestação dos serviços; competências exigidas; formas de divulgação adequadas; ponto adequado para atendimento, endereço e telefones para contato e agendamento. Quando for o caso, deve-se organizar uma possível carteira de clientes. Esses requisitos, entre outros, precisam ser analisados com muito cuidado, a fim de que o êxito da atividade esteja minimamente assegurado.

CAPÍTULO 3

Desempenhando as novas funções

Uma experiência muito prazerosa é, sem dúvida, ser bem classificado em um processo seletivo para assumir um posto de trabalho, seja numa organização privada, seja numa organização pública. Trata-se do coroamento, em muitos casos, de um largo período de buscas e de preparação e, portanto, de um grande esforço despendido. De outra parte, significa uma conquista que poderá nos levar à realização profissional e à viabilização de uma série de sonhos acalentados durante muito tempo. A sensação mais confortável é a de que conseguimos aquilo que tanto buscávamos e que valeu a pena todo o esforço empreendido.

Vencida essa etapa, surgem outras preocupações. Os desafios, agora, já não se resumem a ser bem-sucedido no processo preparatório e na seleção propriamente ditos. Ao assumirmos a função, devemos estar completamente abertos à recepção de grande volume de informações e ao aprendizado contínuo para nos habilitarmos maximamente. O que se tem pela frente é uma organização e um cargo que não conhecemos, bem como uma comunidade de chefes, colegas e, às vezes, subordinados também desconhecidos. Acrescente-se a isso um conjunto de normas e regras, enfim, uma cultura organizacional que teremos de absorver o mais rapidamente possível. Assim, devemos estar com o espírito preparado para receber grande volume de informações e contínuo aprendizado sobre tudo o que se refere à organização na qual vamos ingressar e ao cargo que ocuparemos. O que nos distinguirá, certamente, será o maior conhecimento sobre a organização como um todo e sobre nosso trabalho.

Cabe ter em mente que o primeiro esforço a ser empreendido é obter o máximo conhecimento da organização para ter compreensão do seu funcionamento e da articulação entre os órgãos internos. Só dessa maneira estarão preparadas as condições para o conhecimento do cargo que ocuparemos, com todas as suas atribuições e responsabilidades. A partir daí, a busca permanente deve se concentrar no melhor desempenho nesse cargo e, sempre que viável, na proposição de medidas para o aperfeiçoamento do trabalho e consequente elevação da sua qualidade e produtividade. Nos tópicos adiante, procuramos pormenorizar um pouco mais esses aspectos para aclará-los convenientemente. Desse modo, pretendemos contribuir para a orientação dos que estão prestes a ser convocados a assumir os cargos para os quais foram classificados em processos seletivos.

É preciso lembrar que esse momento exigirá de nós tanta energia quanto a que despendemos no processo preparatório para a seleção. Exigirá, ademais, grande entusiasmo, atitude que deve ser demonstrada permanentemente em relação ao nosso trabalho e expressa de maneira visível em nosso semblante, em nossas atitudes e em nosso comportamento. Isso nos distinguirá, certamente, e nos proporcionará muitas oportunidades de crescimento profissional na organização. As pessoas que não demonstram entusiasmo pelo trabalho não são vistas como servidores que vestem a camisa da organização, que a defendem, que estão dispostas a lutar pelo seu desenvolvimento, mas sim como servidores que fazem o mínimo indispensável para permanecer no emprego, não dispostos a nenhum sacrifício ou colaboração que extrapole os limites do horário de trabalho ou das tarefas normalmente exigidas pelo cargo.

Essas pessoas não são bem-vistas pelos superiores que, na primeira oportunidade, as substituirão por outras mais dedicadas ou que eles julgam que assim o serão. É preciso também frisar que somos avaliados permanentemente pelos nossos superiores, mesmo que não se trate de uma avaliação formal. Eles devem sentir que nós estamos contribuindo para o bom resultado do seu trabalho e, portanto, para o bom resultado de um trabalho que também é avaliado continuamente. E isso significa o resultado do trabalho de todos os que estão sob sua liderança ou responsabilidade. Portanto, devemos assumir as funções para as quais fomos selecionados com grande interesse em aprender sobre a organização e sobre o trabalho propriamente dito, com boa vontade e espírito de colaboração. Assim, as condições estarão estabelecidas para nosso cres-

Conhecer a organização em que vamos trabalhar, em consequência de havermos sido bem classificados em um processo seletivo, é algo que se coloca como fundamental e indispensável. Desse modo, podemos, desde logo, potencializar ao máximo nosso desempenho e nossa capacidade de crescimento profissional na carreira que temos pela frente.

cimento profissional, e as oportunidades surgirão naturalmente.

Conhecendo a organização

Conhecer a organização em que vamos trabalhar, em consequência de havermos sido bem classificados em um processo seletivo, é algo que se coloca como fundamental e indispensável. Desse modo, podemos, desde logo, potencializar ao máximo nosso desempenho e nossa capacidade de crescimento profissional na carreira que temos pela frente. Assim, o recomendável é que, antes de assumir o cargo para o qual fomos selecionados, dediquemos um bom tempo à reunião de informações sobre a organização para estudá-las, compreendê-las e absorvê-las maximamente. Com isso, contaremos com os elementos indispensáveis ao entendimento claro do seu papel e de como se estrutura, funciona e se relaciona com outras organizações, entre tantos aspectos considerados importantes.

A seguir, em forma de questões, procuramos orientar essa busca de informações justificando a necessidade de serem obtidas. O objetivo é motivar todos os que estão nesse estágio a, efetivamente, ampliar seu conhecimento sobre o que diz respeito à organização em que vão desempenhar suas novas funções.

O QUE FAZ A ORGANIZAÇÃO EM QUE VAMOS TRABALHAR? QUAL É SEU PROPÓSITO OU SUA MISSÃO?

A resposta a essas questões é importante porque nos dá uma ideia clara do papel que a empresa desempenha. Vamos conhecer qual a sua importância na sociedade onde está inserida e com quais outras organizações se relaciona. Isso confere ao indivíduo uma percepção mais ampla e articulada do posicionamento da organização no âmbito da sociedade. Além disso, potencializa, em muito, a capacidade de pensar sobre ela, desenvolvendo nosso potencial de criatividade.

Essa informação deve constar do plano estratégico, visto que nele há um item chamado "missão", elaborado exatamente com a finalidade de expressar, de maneira muito clara, o propósito para o qual a empresa existe. Se, eventualmente, ela não contar com uma "missão" formalizada, o que ocorre em bom número de casos, deve-se procurar seus propósitos expressos nos "estatutos sociais", embora esses objetivos possam não estar formalmente explicitados.

QUAL O CONJUNTO DE VALORES PROFESSADOS PELA ORGANIZAÇÃO QUE CARACTERIZA SUA CULTURA?

É imprescindível que tenhamos uma ideia do conjunto de valores que orienta as decisões e o trabalho na organização a qual estamos prestes a integrar. As decisões e o trabalho se produzem, normalmente, no marco de um conjunto de princípios que caracterizam a cultura organizacional. Constituem regras que orientam a postura de seus integrantes e, portanto, devem ser conhecidas e acatadas por todos que pertençam a seus quadros. Conhecê--las constitui, certamente, uma vantagem para quem vai integrá-la, porque o novo funcionário passa a conhecer o que é bem-visto e o que não é aceito. Trata-se de uma orientação importante para o bom exercício da atividade.

O conjunto de valores é também um documento presente no "plano estratégico". Se, eventualmente, a organização não o tiver elaborado, os valores, pelo menos aqueles relacionados a responsabilidades, atribuições, poder, decisões, representação e outros mais que se referem a aspectos hierárquicos, deverão ser procurados, explícita ou implicitamente, nos "estatutos sociais" e no "regimento interno" da organização.

A ORGANIZAÇÃO TEM UM GRANDE OBJETIVO FORMALIZADO, UMA "VISÃO" QUE ORIENTE SUAS ATIVIDADES?

A perfeita noção de um grande objetivo a ser alcançado no futuro constitui, inegavelmente, um marco de direção e sentido dos esforços a serem empreendidos por todos. Para aquele que acaba de entrar no quadro de uma organização, nada como ter muito claramente esse sentido e essa direção para nortear seu trabalho, de modo a sintonizá-lo com o trabalho de quantos se interessarem pelo destino comum da empresa. É preciso entender que a "visão" é um documento referencial, tal como os aludidos anteriormente.

Em verdade, tudo o que fazemos como trabalho deve contribuir para alcançar os objetivos que, por sua vez, são concebidos com base na "visão" de futuro formulada pela organização. Assim teremos a noção perfeita do que contribui ou não para os resultados esperados, o que, certamente, constitui elemento orientador aos nossos esforços. Trata-se de um documento também presente no "plano estratégico". Caso este não exista, algum relatório anual e recente de atividades pode oferecer pistas dos objetivos perseguidos, pelo menos daqueles que deveriam ter sido alcançados ou a serem alcançados em futuro próximo.

COMO SE ESTRUTURA A ORGANIZAÇÃO, OU SEJA, QUAIS SEUS ÓRGÃOS INTERNOS E COMO SE RELACIONAM EM TERMOS HIERÁRQUICOS?

A percepção da estrutura organizacional e, consequentemente, da estrutura hierárquica da organização oferece uma noção precisa do relacionamento entre os distintos órgãos internos. Em sentido mais amplo, demonstra o conjunto de atividades que se desenvolvem em seu âmbito. O exame da documentação que revela essa estrutura deve proporcionar a compreensão do seu funcionamento como sistema social. Além da busca sobre como funcionam as relações de poder que se operam no trabalho, tendo em vista o que produz a organização, deve-se compreender como se desenvolve sua atividade produtiva.

Evidentemente, essa não é uma tarefa fácil e, com toda certeza, vai ser complementada depois que a pessoa assumir o cargo para o qual está sendo contratada. Esse conhecimento exige aguçado poder de observação, reuniões, conversas e leituras, até que se tenha uma ideia precisa de todos esses aspectos. Não se deve, entretanto, deixar de buscar o desenvolvimento dessa percepção. Dela depende uma postura correta do indivíduo no relacionamento com superiores, colegas de trabalho e, eventualmente, subordinados. Os documentos que, a princípio, dão uma ideia da estrutura organizacional da empresa são os "estatutos sociais" e o "regimento interno". Também o organograma oferece uma percepção diagramática dos órgãos internos. Esses documentos poderão ser complementados, eventualmente, por relatórios anuais recentes.

QUE BENS OU SERVIÇOS SÃO PRODUZIDOS PELA ORGANIZAÇÃO?

Tratando-se de uma organização pública, deve-se ter o cuidado de conhecer a destinação do seu produto. Isso porque tais órgãos, tradicionalmente, destinam-se a produzir para a sociedade em nome do poder público ou, por sua vez, destinam seu produto à própria máquina pública. Exemplos desses dois tipos de organização são, respectivamente, o hospital público que, em nome do poder público, oferece serviços à sociedade e uma empresa de tecnologia da informação que, pertencendo a uma estrutura de governo, presta seus serviços à própria máquina de governo.

É importante que se tenha uma ideia muito clara da destinação dos produtos oferecidos pela organização. Com isso, é possível pensar de que maneira é possível contribuir para a melhoria da sua qualidade para satisfazer adequadamente os clientes. De outro lado, observamos de que maneira colaborar para a elevação do desempenho com que esses mesmos produtos são elaborados, com vista à minimização dos custos operacionais. A preocupação com tudo isso faz do participante dos quadros de uma organização uma pessoa contributiva e, consequentemente, um servidor ou empregado muito bem-visto.

No caso de se tratar de uma empresa privada, da mesma maneira, é importante que se tenha uma ideia muito clara dos bens ou serviços produzidos, bem como dos mercados a que se destinam. Com essas informações, será possível dar a melhor contribuição a nosso alcance para a qualidade dos produtos ou serviços oferecidos. Em qualquer hipótese, a percepção do que é oferecido pela organização à sua clientela constitui elemento da maior relevância para o desenvolvimento de uma postura contributiva do recém-contratado ou nomeado.

As informações referentes ao que produz a organização e seus respectivos mercados são obtidas em relatórios e outros documentos que podem ser encontrados na página mantida na internet. A conversa com superiores e com colegas de trabalho pode, certamente, oferecer subsídios preciosos para a identificação, a mais exata possível, dos bens ou serviços produzidos e, ainda, como a clientela ou os consumidores os recebem.

A ORGANIZAÇÃO PARTICIPA DE ALGUM CONGLOMERADO?

Às vezes, a organização na qual vamos ingressar integra um grupo amplo de empresas ou, no caso de ser pública, faz parte de uma estrutura maior, que merece ser conhecida. Esse conhecimento proporciona uma percepção da articulação mais próxima, de modo que tais relacionamentos devem ser muito bem percebidos por todos os que integram seus quadros. Alguém que desenvolve essa percepção tem mais facilidade de "vestir a camisa" da organização.

Os empregados ou servidores que conhecem o quadro mais amplo de relacionamento da organização a que pertencem são muito bem-vistos. Na verdade, são percebidos como indivíduos que encaram seu posto de trabalho como parte de um universo mais amplo a seu redor, não se atendo, exclusivamente, ao mundo mais próximo ou imediato em relação ao que faz. Essas informações, em geral, constam de relatórios e, em certos casos, são encontradas em página da *web*. Opcionalmente, podem ser colhidas de colegas de trabalho ou de superiores.

QUEM SÃO OS TITULARES DOS CARGOS DE CHEFIA DO ORGANOGRAMA DA ORGANIZAÇÃO?

É muito importante para quem integra os quadros de uma organização saber quem ocupa os cargos de chefia. Não apenas os mais próximos, mas também todos os que compõem a estrutura hierárquica da empresa. Esse conhecimento não deve limitar-se apenas aos nomes, abrangendo também a formação profissional e a experiência de cada um. Não se pode falar muito objetivamente do valor dessas informações. Todavia, à medida que forem dominadas, melhor impressão é proporcionada por quem as detém. De outra parte, é inegável que os detentores de informações sobre o nome e o perfil dos ocupantes dos cargos de chefia da organização a que pertencem, em uma perspectiva abrangente, levam grande vantagem sobre os que as ignoram.

É imprescindível que se tenha uma percepção dos relacionamentos entre esses ocupantes, a fim de que se possa detectar as linhas de influência e de poder que se estabelecem, independentemente do organograma organizacional. Essa, aliás, é uma característica presente em todas as estruturas de poder. Tal percepção contribui para a adoção de uma atitude discreta no trabalho e em reuniões e conversas com outros integrantes do quadro da organização.

Esse tipo de postura contribui em muito para uma percepção favorável sobre o indivíduo, com todas as vantagens daí decorrentes, como, por exemplo, a confiança que infunde em colegas e superiores. Evidentemente, essas informações podem ser obtidas em fontes formais, como relatórios e página mantida na internet. Os aspectos não formais, como as linhas de poder e de influência, não são visíveis facilmente, só sendo detectáveis com o tempo e a observação atenta.

As questões anteriormente colocadas podem ajudar a orientar o ingressante em uma organização. De posse dessas informações, ao assumir o cargo para o qual foi selecionado, ele pode desenvolver uma percepção extremamente útil e funcional. Dessa forma, certamente estará apto a desempenhar seu trabalho da maneira mais responsável possível no que se refere à postura que deve assumir. Obviamente, essas questões não esgotam o universo de aspectos a serem estudados cuidadosamente. Todavia, oferecem uma orientação geral sobre os aspectos para os quais se deve estar muito atento no tocante ao conhecimento da organização como um todo.

A partir daí, os esforços devem ser dirigidos ao conhecimento do cargo que se está assumindo. Mas isso só pode ser bem realizado se formos capazes de relacioná-lo com o todo, o que só é possível com um conhecimento abrangente da organização. Entretanto, não se deve depreender dessas palavras que o estudo do cargo que se está assumindo só acontece após o conhecimento exaustivo da organização. Na verdade, esses esforços devem ser empreendidos em paralelo, de sorte que o conhecimento mais amplo vá alimentando o conhecimento mais restrito do cargo.

Conhecendo as novas funções

Aqui parece residir o grande desafio para quem, após ser selecionado, deve assumir um novo cargo cujo conteúdo, a rigor, ainda não conhece. Afinal de contas, quando assumimos nossas novas funções, o que nos causa ansiedade é, naturalmente, o desconhecimento do que seremos solicitados a realizar como trabalho. Esse conhecimento se coloca, portanto, como algo fundamental para a superação das intranquilidades de que somos presas fáceis nesses momentos. Mas a importância desse conhecimento vai muito além da superação do natural processo de ansiedade.

Na verdade, é do conhecimento preciso das atribuições e responsabilidades do cargo que depende o êxito do esforço que faremos para dominar as competências necessárias ao nosso bom desempenho. Como consequência, dar-se-á a ampliação das possibilidades que nos ensejarão oportunidades de crescimento profissional. É claro que, se já desenvolvemos uma visão abrangente da organização, como sugerido no tópico anterior, teremos melhores condições de analisar o cargo que vamos assumir com capacidade crítica e reflexiva maior, o que nos será extremamente útil.

É preciso, entretanto, não perder de vista que o conhecimento abrangente da organização se desenvolve aos poucos, pelo menos no tocante a aspectos que dependem da vivência no trabalho. Assim, devemos empreender nossos esforços voltados ao conhecimento do cargo tão cedo quanto possível. Se já tivermos conhecimento mais abrangente da organização, tanto melhor. É preciso ficar bem claro que, à medida que desenvolvemos uma visão ampla da empresa, maiores serão nossas probabilidades de conhecer, com exatidão e percepção crítica, o conteúdo do cargo que estamos assumindo.

A seguir, elencamos alguns aspectos que devem ser bem explorados na busca de um conhecimento preciso do cargo para o qual fomos selecionados.

> NA VERDADE, É DO CONHECIMENTO PRECISO DAS ATRIBUIÇÕES E RESPONSABILIDADES DO CARGO QUE DEPENDE O ÊXITO DO ESFORÇO QUE FAREMOS PARA DOMINAR AS COMPETÊNCIAS NECESSÁRIAS AO NOSSO BOM DESEMPENHO. COMO CONSEQUÊNCIA, DAR-SE-Á A AMPLIAÇÃO DAS POSSIBILIDADES QUE NOS ENSEJARÃO OPORTUNIDADES DE CRESCIMENTO PROFISSIONAL.

DESCRIÇÃO DO CARGO QUE ESTAMOS ASSUMINDO

A descrição do cargo é encontrado no plano de cargos, carreiras e remuneração (PCCR) da organização. É um documento de elevada importância para a gestão dos recursos humanos. Apenas as empresas que, efetivamente, atribuem importância a esse aspecto é que costumam elaborar e implantar o PCCR. A consulta a esse documento pode proporcionar uma boa descrição do cargo que será ocupado. Referida descrição demonstra, com clareza, os atributos ou responsabilidades do cargo, bem como os requisitos para sua ocupação. Se, de um lado, os atributos definem tudo que deve ser feito pelo seu ocupante, por outro, os requisitos especificam as características exigidas desse mesmo ocupante.

Assim, por meio dessa consulta, é possível ter uma ideia muito clara dos desafios que nos esperam no cargo e também das competências que devemos ter ou devemos desenvolver. Caso a organização não disponha do PCCR, recomenda-se uma conversa bastante detida com o chefe imediato, a fim de que as atribuições, responsabilidades e os principais requisitos sejam claramente expostos, se possível por escrito.

CIÊNCIA DOS CARGOS COM OS QUAIS DEVEREMOS TER CONTATO DIRETO

É de importância fundamental que conheçamos, de antemão, os cargos com os quais deveremos ter contato, tanto vertical quanto horizontalmente, no exercício do nosso. Se tivermos a descrição desses cargos e se soubermos quem são seus ocupantes, poderemos exercer bem melhor nossas atribuições. Aqueles cargos que recebem produtos do nosso trabalho devem sinalizar o nível de qualidade exigida. Portanto, saber o que deveremos oferecer como produto constitui orientação imprescindível a que desempenhemos bem nossas funções.

Além disso, a demonstração de que conhecemos o fluxo de trabalho nos faz ser consultados e, em decorrência, eleva nosso conceito entre colegas e superiores no ambiente em que trabalhamos. Complementarmente, o conhecimento dos cargos que colaboram com o nosso ajuda-nos a manter um bom diálogo com seus ocupantes. Isso proporciona permanente e saudável fluxo de informações sobre a qualidade do trabalho e, eventualmente, sobre as medidas a serem adotadas para a sua melhoria. Por fim, esse conhecimento contribui para a manutenção de um excelente clima e um relacionamento bastante amistoso no trabalho.

RETORNO (*FEEDBACK*) DO TRABALHO QUE ESTAMOS REALIZANDO

Trata-se de uma informação muito importante, a fim de que possamos aferir com segurança o grau de adequação com que nosso trabalho está sendo realizado. É aconselhável que encontremos maneiras de sondar os ocupantes desses cargos sobre a impressão que estão tendo de nosso desempenho. Isso pode ser feito de maneira direta, por meio de perguntas, ou, eventualmente, por intermédio de um pequeno questionário organizado para esse fim. Deve-se ter o cuidado de explicar o motivo pelo qual estamos solicitando a opinião do colega ou do superior, deixando-se muito claro que o propósito é tão somente o de buscar melhorar a qualidade do nosso produto.

De outra parte, devemos oferecer retorno aos que colaboram com nosso cargo, de maneira a reforçar sempre o que é benfeito e tentar melhorar, em certos casos, os produtos que não apresentam a qualidade desejada. Quando trocamos impressões com detentores de cargos que colaboram com o nosso, devemos fazê-lo verbalmente ou por escrito. Nesse último caso, apenas quando formos solicitados. Tudo isso contribui bastante para a melhoria do clima de trabalho e favorece a contínua busca da elevação da sua qualidade. A busca contínua da qualidade do trabalho coloca-se, por um lado, hoje como indispensável às organizações que objetivam a elevação do seu desempenho operacional com maior eficiência e maior eficácia. Por outro, buscam melhorar a qualidade dos bens ou serviços que oferecem aos consumidores ou clientes.

A propósito, é oportuno esclarecer alguns conceitos, a fim de que possamos raciocinar melhor sobre o que foi dito acerca de desempenho operacional e qualidade do trabalho. O desempenho operacional é, normalmente, aferido pelos indicadores "eficiência" e "eficácia". Na linguagem informal, é comum fazer certa confusão conceitual entre esses dois indicadores. Daí a importância de defini-los com a maior precisão possível. A eficiência pode ser definida como uma fração que tem, como numerador, a quantidade de recursos utilizados para determinada operação e, como denominador, os resultados obtidos com essa mesma operação. Assim, se mantivermos os recursos utilizados e aumentarmos os resultados obtidos, estaremos elevando a eficiência operacional.

De outra parte, se mantivermos os resultados obtidos e diminuirmos os recursos utilizados, também estaremos elevando a eficiência operacional. Veja-se que, em ambos os casos, o valor da fração diminui, dirigindo-se para zero no caso-limite. Mas isso não é possível, uma vez que não se realiza um trabalho com zero recurso. O que se deve buscar em relação a qualquer operação é elevar sua eficiência, ou seja, diminuir os recursos utilizados obtendo os mesmos resultados ou elevar os resultados obtidos mantendo a quantidade de recursos utilizados.

Já a eficácia é representada por uma fração que tem como numerador os resultados alcançados e, como denominador, os resultados pretendidos. Quanto mais os resultados alcançados se aproximam dos resultados pretendidos, tanto mais eficácia operacional se obtém. Há casos em que os resultados alcançados superam os resultados pretendidos. Nesses casos, podemos dizer que a eficácia da operação foi maior que 1. Normalmente, quando a eficácia se situa acima de 0,8, pode-se dizer que foi elevada. Na verdade, deve-se sempre procurar elevar maximamente os resultados alcançados.

No tocante à elevação da qualidade do trabalho, sempre se trata de uma operação que envolve conhecimentos e habilidades. Assim, ela acontecerá à medida que a competência do responsável pela operação se elevar. Isso, naturalmente, deve constituir objeto de permanente preocupação daqueles que ocupam cargos em uma organização produtiva. O que acabamos de explicar levou em consideração o trabalho desenvolvido no nível do cargo. Se considerarmos o desempenho operacional no nível da organização como um todo, continuam valendo os conceitos que utilizamos para seus indicadores. Porém, torna-se necessária uma explicação que esclareça um pouco mais o conceito de qualidade. Se estivermos nos referindo à qualidade do produto do trabalho, isto é, à qualidade dos bens ou serviços dele resultantes, devemos esclarecer alguns aspectos normalmente um tanto obscuros.

Para que se possa falar adequadamente sobre qualidade, é indispensável que não a conceituemos como um atributo único. Dependendo do produto, devemos considerar as dimensões capazes de atribuir-lhe qualidade. Assim, para produtos da manufatura, certas dimensões podem ser levadas em consideração, como, por exemplo:

desempenho, conformidade, confiabilidade, durabilidade e estética, entre outras eventualmente aplicáveis. Cada caso exige que sejamos capazes de identificar as dimensões pertinentes, a fim de procurar explorá-las maximamente. No caso de os produtos serem serviços, sendo eles realizados no momento em que são consumidos, as dimensões aplicáveis são: competência, integridade e atendimento, entre outras eventualmente pertinentes. Novamente, cada caso dirá, por si mesmo, quais as dimensões que emprestarão qualidade àquele serviço.

O conhecimento do conceito de desempenho operacional, expresso pelos indicadores de eficiência e eficácia, bem como do conceito de qualidade com base nas dimensões aplicáveis a cada caso, confere ao ocupante de um cargo condições para desempenhá-lo com postura adequada aos interesses da organização. Isso faz o indivíduo ser muito bem-visto por assumir uma atitude funcional buscando os melhores resultados. A observância dos aspectos aqui analisados pode contribuir sobremaneira para um bom desempenho no cargo, o que constitui garantia de êxito na carreira profissional.

Buscando melhorar o desempenho no cargo

Inicialmente, cabe dizer que, quando assumimos um cargo em uma organização, se espera que sejamos capazes de desempenhar nossas funções de acordo com as expectativas, ou seja, de acordo com o que constitui atributos daquele cargo. Isso, por assim dizer, é o que poderíamos chamar de aposta mínima. Com efeito, existe sempre uma expectativa não expressa de que sejamos capazes de contribuir para a elevação desse desempenho. E isso nos deve estimular permanentemente a buscar os meios para consegui-lo.

As providências referidas nos tópicos anteriores, relacionadas ao abrangente conhecimento da organização e do cargo que ocupamos, podem contribuir decisivamente para o aperfeiçoamento de uma visão crítica que nos ajude a melhorar os processos e métodos de trabalho utilizados no cargo e, portanto, a elevar nosso desempenho.

De um lado, devemos procurar introduzir modificações nos processos e métodos que sejam capazes de elevar a eficiência e a eficácia do trabalho. De outro, devemos introduzir melhorias voltadas ao aperfeiçoamento das dimensões da qualidade pertinentes ao produto do nosso trabalho.

A primeira medida a ser tomada é a identificação de todos os processos com que trabalhamos e de todos os métodos utilizados. Com base nisso, precisamos de uma autorização daquele a quem somos subordinados para desenvolvermos os estudos voltados ao redesenho dos processos e à melhoria dos métodos. Devemos cuidar prioritariamente dos processos que têm lugar no âmbito exclusivo do cargo que ocupamos. Aqueles dos quais participamos, mas que envolvem a participação de outros cargos, requerem um trabalho de caráter sistêmico e, portanto, exigem providências abrangentes. No tocante aos métodos utilizados, do mesmo modo, precisamos da anuência superior, a fim de que empreendamos nossos esforços voltados a seu aperfeiçoamento.

Em todos os casos, nossa orientação deve se pautar pela busca da elevação do desempenho operacional e pela elevação do nível de qualidade do que é produzido no cargo. De um lado, devemos procurar introduzir modificações nos processos e métodos que sejam capazes de elevar a eficiência e a eficácia do trabalho. De outro, devemos introduzir melhorias voltadas ao aperfeiçoamento das dimensões da qualidade pertinentes ao produto do nosso trabalho. Não devemos esquecer, todavia, que determinados processos e métodos, apesar de aparentemente pouco produtivos, são mantidos sem modificação por razões de ordem cultural.

Cabe-nos ter presentes os valores professados na declaração de princípios constante do plano estratégico da organização. Com isso, poderemos sentir se a inovação é considerada, de alguma forma, um valor importante para a organização. Caso esse documento não exista, é fundamental que sondemos nosso superior hierárquico acerca da introdução de inovações em processos e métodos. Além disso, é recomendável que submetamos nossas ideias ao superior, a fim de que contemos com sua apreciação e possamos incorporar suas sugestões. Dessa forma, o resultado será tido como algo realizado em conjunto e sob sua orientação. Se realizarmos os trabalhos de maneira muito independente, corremos o risco de ter nossos esforços malogrados. Além disso, poderemos enfrentar conflitos indesejáveis e desvantajosos. Voltaremos a tratar desse tipo de conflito em tópico apropriado.

Por meio do projeto que elaborarmos sobre o redesenho de processos e da escolha de novos métodos a serem utilizados no trabalho, podemos, a título experimental, implantá-los, aferindo, com o máximo cuidado, seu desempenho para a introdução de eventuais melhorias. Somente após a realização de testes exaustivos, devemos elaborar o relatório conclusivo com todas as nossas sugestões. Não devemos esquecer as colaborações que os colegas de trabalho podem nos fornecer, principalmente daqueles mais antigos na organização e detentores de uma experiência que não deve ser desprezada. Eles, normalmente, nos advertem sobre as dificuldades em implantar novas ideias pelo fato de que muitos já terão sofrido alguma frustração nesse sentido.

Entretanto, devemos discutir nossas ideias referentes ao aperfeiçoamento de processos e métodos utilizáveis no desempenho do nosso cargo com humildade e muita paciência para ouvir sugestões dos colegas e eventuais críticas. É preciso também buscar, na literatura especializada e na opinião de ex-professores e colegas de formação, quando isso se demonstrar possível, sugestões úteis às finalidades que estamos perseguindo. Por fim, as conquistas que alcançarmos no tocante à melhoria de processos e métodos de trabalho devem ser pormenorizadamente descritas, como se fosse um manual de procedimentos, para apresentação ao nosso superior imediato, com vista à sua aprovação.

Aprovadas as nossas sugestões, passaremos à sua implantação, com o cuidado de mensurar os ganhos em termos de eficiência e eficácia, para que se tenha uma ideia da elevação do desempenho operacional. De outra parte, deve-se buscar aferir o grau de satisfação dos que utilizam o produto do nosso trabalho, por meio de uma apreciação das dimensões de qualidade que estamos explorando.

Isso pode ser realizado por meio de um simples questionário, especialmente construído para esse fim. O resultado positivo dessas aferições funciona como reforço à nossa iniciativa e depõe favoravelmente ao nosso trabalho, fortalecendo a nossa legitimidade no cargo e nos abrindo novos horizontes.

CAPÍTULO 4

Relacionando-se com os colegas de trabalho

O relacionamento interpessoal no ambiente de trabalho é, sem dúvida, algo da mais elevada importância. Constitui ingrediente indispensável para o bem-estar de cada um, para a produtividade no trabalho e, consequentemente, para o êxito profissional. Assim sendo, parece oportuno dedicar um pouco da nossa reflexão a esse assunto, muitas vezes, tão esquecido.

Evidentemente, o nosso comportamento em relação aos companheiros de trabalho depende da nossa personalidade e das emoções que estamos vivendo no momento. Depende, além disso, do grau de satisfação que esse mesmo trabalho nos proporciona e da empatia que existe com os colegas de trabalho.

Todavia, por desconhecimento ou pela própria inexperiência de vida, muitas vezes, não conseguimos distinguir uma atitude positiva de uma negativa e o resultado disso pode ser muito desagradável para nós. Abordar essa questão exige um grande cuidado. Assim, para fazê-lo de forma muito prática, resolvemos elencar comportamentos

O RELACIONAMENTO INTERPESSOAL NO AMBIENTE DE TRABALHO É, SEM DÚVIDA, ALGO DA MAIS ELEVADA IMPORTÂNCIA. CONSTITUI INGREDIENTE INDISPENSÁVEL PARA O BEM-ESTAR DE CADA UM, PARA A PRODUTIVIDADE NO TRABALHO E, CONSEQUENTEMENTE, PARA O ÊXITO PROFISSIONAL.

positivos e negativos. O objetivo é que tenhamos uma ideia muito clara do que seja considerado atitude contributiva ao fortalecimento de nossas relações de trabalho e atitudes deteriorantes dessas mesmas relações.

Não pretendemos aqui esgotar o rol de atitudes positivas e negativas no ambiente de trabalho em relação aos colegas. Entretanto, esperamos listar as principais e as mais comumente encontradas nesses locais. Após o enunciado da atitude positiva ou negativa, faremos um comentário, a fim de esclarecer melhor o significado de cada uma delas.

ATITUDES POSITIVAS

CUMPRIMENTAR, HABITUALMENTE, OS COLEGAS DE TRABALHO

Esse pode ser considerado um comportamento bastante positivo em relação aos colegas de trabalho. Todas as pessoas apreciam receber um cumprimento quando se encontram com um companheiro de trabalho pela primeira vez no dia. A ausência disso pode demonstrar uma atitude indiferente e descortês, o que leva qualquer pessoa a sentir-se menor ou sem importância alguma. De outra parte, o cumprimento ao despedir-se no final da jornada, pelas mesmas razões, deve ser considerado importante.

Além disso, expressa um desejo de rever o companheiro, e isso traduz a importância que ele tem para nós.

Perguntar pelos familiares, após afastamentos maiores, expressa certamente uma preocupação de amigo, isto é, de alguém que considera o colega mais do que um simples companheiro de trabalho. Isso produz uma reação extremamente positiva e facilita o desenvolvimento de um relacionamento confiante e proveitoso para todos. Não podemos esquecer que os relacionamentos mais próximos e confiantes no trabalho ajudam enormemente para seu desenvolvimento e manutenção de um clima muito saudável.

EXPRESSAR CONGRATULAÇÕES AOS COLEGAS DE TRABALHO POR SUAS CONQUISTAS MATERIAIS OU PROFISSIONAIS

Todos nós, pela natureza que nos é própria, somos bastante vaidosos de nossas conquistas, sejam elas de que ordem forem. É muito agradável para qualquer um ver seus êxitos reconhecidos. Assim, é sempre positivo que os colegas manifestem sua satisfação em ver o companheiro feliz. Isso, com certeza, funciona como um grande reforço psicológico e, consequentemente, como motivação a que o indivíduo continue a buscar novas conquistas. O resultado é o fortalecimento dos laços de companheirismo e do clima de trabalho muito favorável a novos avanços.

INFORMAR O COLEGA DE TRABALHO SOBRE INOVAÇÕES QUE ESTÁ IMPLANTANDO E SOBRE EVENTUAIS RESULTADOS POSITIVOS

A atitude de informar os colegas sobre eventuais inovações que estamos introduzindo em nossas atividades e que têm dado resultados positivos não deve se constituir numa manifestação de vaidade. Significa, na verdade, um ato de solidariedade, visto que a comunicação traz nela própria uma disposição em ajudar os colegas. Essa ajuda, naturalmente, seria representada pela iniciativa de repassar aos companheiros os processos ou métodos utilizados na inovação bem-sucedida, a fim de que também tirem proveito delas.

Trata-se de um comportamento sempre muito bem-visto por todos os companheiros, contribuindo positivamente para um bom clima de relacionamento. Outro ponto positivo é que, no ambiente do nosso trabalho, podemos contribuir para o aperfeiçoamento dos nossos companheiros. Com essa atitude, vamos nos legitimando como líderes no trabalho, o que nos ajuda a ascender a postos de comando.

DISPONIBILIZAR AOS COLEGAS DE TRABALHO INFORMAÇÕES QUE OS AJUDEM NO DESEMPENHO DE SUAS ATIVIDADES

A atitude solidária é sempre muito bem-vista por todos que integram um ambiente de trabalho. Nesse aspecto, um dos comportamentos mais elogiáveis é, sem dúvida, a postura permanente de disponibilizar informações úteis à vida profissional dos colegas. Podem ser informações gerais, sobre oportunidades de trabalho, sobre cursos, enfim, sobre qualquer assunto que interesse aos companheiros em sua busca por crescimento na profissão. Essa atitude é demonstrativa de uma pessoa solidária, amiga e desarmada, indicando alguém digno da nossa confiança. Não podemos negar que esses atributos contribuem para a manutenção de um excelente clima de trabalho.

PROCURAR, EM COLABORAÇÃO COM OUTROS COLEGAS, AJUDAR COMPANHEIROS QUE ESTEJAM EM DIFICULDADE

Reconhecer um estado de dificuldade de um companheiro de trabalho é uma demonstração de sensibilidade que pode ajudar em muito a nos aproximarmos dele e desenvolver uma grande amizade. Aliás, esse é o grande patrimônio que podemos acumular em nossas vidas. Muitas vezes, nossos colegas demonstram preocupação com o trabalho ou com outros assuntos. Nessas ocasiões, é importante que saibamos nos aproximar, respeitada a discrição necessária, a fim de que não venhamos a ferir eventuais susceptibilidades.

Devemos ouvir atentamente o companheiro sobre suas dificuldades, esperando que perguntem sobre nossa opinião ou peçam algum conselho. A partir desse momento, podemos nos sentir à vontade para expressar o que pensamos e, se for o caso, oferecer nossa ajuda. Em casos muito especiais, com a autorização do colega, podemos mobilizar outros companheiros para ajudá-lo. Uma atitude solidária nessas ocasiões fortalece bastante os laços de amizade e contribui eficazmente para a melhoria do clima de relacionamento no ambiente de trabalho. Se isso não bastasse, o ato de ajudar um companheiro em um momento de dificuldade é algo que nos engrandece perante nós mesmos e nos dá enorme satisfação.

DEMONSTRAR INTERESSE PELO TRABALHO DOS COLEGAS: OUVI-LOS ATENTAMENTE QUANDO FALAM SOBRE SUAS REALIZAÇÕES

Uma atitude que aproxima bastante os colegas de trabalho é, sem dúvida, o interesse demonstrado por uns em relação às realizações e conquistas dos demais. Essa atitude é bastante positiva, porque fortalece os laços de amizade e melhora o clima de relacionamento que reina no ambiente de trabalho. Além disso, é reveladora de companheirismo, retidão de caráter, solidariedade e reconhecimento.

É sempre muito agradável quando colegas de trabalho ouvem-nos atentamente sobre o que estamos conseguindo realizar e pedem nossa colaboração. Há como que um aplauso implícito ao que estamos conseguindo fazer. As pessoas que são notadas como capazes de se interessar pela realização dos companheiros de trabalho costumam ter muitas oportunidades, notadamente para assumirem cargos de liderança. Isso acontece porque a postura de interesse em relação ao êxito dos companheiros é característica muito exigida em cargos de comando. Assim, por todas as razões, esses indivíduos tendem a ser muito bem-sucedidos em suas carreiras profissionais.

ELOGIAR EM SUA AUSÊNCIA, SEMPRE QUE ISSO SE JUSTIFIQUE, SUPERIORES HIERÁRQUICOS, COLEGAS DE TRABALHO E SUBORDINADOS

O elogio, desde que não seja falso ou impregnado de interesse, significa sempre uma atitude generosa e de reconhecimento das qualidades ou comportamento positivo de alguém. Em relação a superiores, jamais deve ser feito em sua presença para não ser confundido com um ato bajulatório por quem recebe ou por outras pessoas. Em relação a colegas ou subordinados, se forem feitos em sua presenças, deve-se sempre ter o cuidado para não serem confundidos com incentivos à manifestação de elogios que a pessoa quer receber em troca ou, eventualmente, para outros retornos.

No entanto, aquilo que falamos publicamente de alguém, de alguma forma, chegará a seus ouvidos. Sem dúvida, é muito gratificante quando recebemos um elogio em nossa ausência e, por essa mesma razão, ele é mais prazeroso. Trata-se de um ato que nos redobra o ânimo e reforça nosso comportamento positivo. Muito importante é notar que ficamos bastante reconhecidos ao autor do elogio, e isso nos aproxima, contribuindo para a melhoria do nosso relacionamento e, em decorrência, do clima de trabalho.

MANTER, SEMPRE QUE POSSÍVEL, BOM HUMOR E ATITUDE OTIMISTA EM RELAÇÃO À VIDA E AO TRABALHO

Uma atitude bem-humorada no ambiente de trabalho propicia condições favoráveis à sua boa realização. Com efeito, o clima se torna mais leve e os aborrecimentos e contrariedades naturais tendem a se dissipar rapidamente, o que é interessante para todos. Além disso, a fadiga que, em geral, vem com o trabalho intenso e que logo se instala em atmosferas carregadas emocionalmente, demora bem mais a demonstrar seus efeitos quando há um clima de bom humor no ambiente.

De outra parte, o otimismo, característica comportamental de algumas pessoas que deve ser perseguida por todas, empresta ao ambiente de trabalho um bem-estar que favorece bastante a produtividade. Nos setores de trabalho, onde reinam o bom humor e o otimismo, prosperam muito mais facilmente as novas ideias e as conquistas. As pessoas que contribuem para isso, por meio dessas atitudes, são, inegavelmente, bem-vistas e têm todas as condições para assumirem postos de liderança.

PROCURAR DEFENDER, EM SUA AUSÊNCIA E QUANDO ISSO SE JUSTIFICAR, SUPERIORES HIERÁRQUICOS, COLEGAS E SUBORDINADOS QUE ESTEJAM SENDO ACUSADOS INJUSTAMENTE

A defesa de pessoas ausentes é sempre uma atitude generosa, tendo em vista que elas não estão ali para falar por si mesmas. Todavia, devemos ter o cuidado de expressar defesas das quais estejamos, efetivamente, convictos. Nesse caso, o faremos com os melhores argumentos que sejamos capazes de utilizar. No entanto, não devemos nos expor a situações desagradáveis, como a de parecer que estamos fazendo algo em troca de reconhecimento por parte de quem está sendo alvo das acusações.

Trata-se de uma atitude bem-vista por todos, por estar sendo assumida na ausência da pessoa acusada e por ser necessário ter uma boa dose de coragem. Como sabemos, é muito fácil fazer coro com os outros e participar da opinião geral por conveniência. A atitude em defesa de quem está ausente nos engrandece e favorece a diminuição do clima de falatório. Este, por vezes, toma conta do ambiente de trabalho e constitui algo bastante deteriorante do respeito entre as pessoas. Comportando-nos dessa forma, estaremos contribuindo para a elevação da qualidade dos relacionamentos e, em consequência, da melhoria do clima de trabalho.

MANTER UMA ATITUDE GREGÁRIA, PARTICIPANDO DE CLUBES, ASSOCIAÇÕES E OUTRAS INICIATIVAS QUE APROXIMEM OS COMPANHEIROS DE TRABALHO

Os momentos proporcionados por iniciativas voltadas à reunião dos integrantes de uma organização ou de determinado setor devem ser muito bem aproveitados por todos. Essas reuniões podem acontecer em clubes privados, em associações ou em qualquer lugar. Como, normalmente, se destinam a confraternizações, são de importância fundamental para a aproximação de todos os que integram um grupo de trabalho.

Esses momentos costumam proporcionar oportunidades para melhor conhecimento dos colegas e de outros integrantes da organização a que pertencemos. A informalidade reinante nessas ocasiões é muito útil para que conversemos abertamente. Conhecer melhor os companheiros de trabalho e de outros setores pode facilitar muito a comunicação em nosso dia a dia. Inegavelmente, uma comunicação espontânea contribui para um melhor desempenho no trabalho, além de outras vantagens relacionadas ao clima de convivência.

Atitudes negativas

MANTER UM AR DE ABORRECIMENTO CONSTANTE, SEM TROCAR NENHUMA IDEIA COM OS COMPANHEIROS DE TRABALHO

Uma atitude fechada, sisuda e aborrecida constitui algo que, por todas as razões, deve ser evitado no ambiente de trabalho. Em primeiro lugar, convém lembrar que nossos colegas são atingidos diretamente por esse comportamento e isso é prejudicial a todos e, como consequência, ao trabalho. Trata-se de uma postura que produz, normalmente, mal-estar generalizado e contribui para que os colegas se afastem de nós, com todos os prejuízos daí decorrentes. Mesmo que a razão do nosso aborrecimento esteja no trabalho ou no comportamento de algum companheiro, isso não justifica esse tipo de atitude. Se nosso mal-estar se origina no próprio ambiente de trabalho, devemos procurar dissipar o aborrecimento conversando educadamente com o responsável.

Entretanto, se a causa do nosso comportamento está em nosso relacionamento com outros setores da organização, não é justo que façamos nossos companheiros vítimas desse mal-estar. Isso não será bem-aceito por ninguém. Por fim, se nosso aborrecimento tem origem em nossa vida particular, não devemos, em nenhuma hipótese, deixar que ele contamine o ambiente de trabalho. É muito importante ter o equilíbrio necessário para separar nossa vida privada daquela que mantemos em razão de nossas atividades profissionais. A atitude fechada, sisuda e aborrecida tem o potencial de nos afastar dos companheiros de trabalho, e não há nada mais indesejável para qualquer integrante de um grupo.

INTERROMPER, HABITUALMENTE, OS COLEGAS EM SUAS EXPOSIÇÕES OU CONVERSAS

Ninguém aceita, de bom grado, ser interrompido em suas exposições, em seus argumentos ou em sua fala, mesmo que informal. É natural que desejemos expor nossas ideias em sua totalidade, a fim de que todos saibam, claramente, o que estamos pensando. A interrupção de nossa fala é considerada uma atitude autoritária ou mal-educada por parte de quem a faz. Assim, normalmente, tendemos a desenvolver antipatia em relação a quem se comporta dessa forma. Portanto, devemos evitar interromper o companheiro em sua fala ou exposição, ouvindo-o até que encerre o que pretende dizer.

Todavia, não está excluída a possibilidade de pedir licença ao colega para interrompê-lo, caso o que pretendamos dizer tenha alguma importância. Em todo caso, devemos aguardar a concessão da licença para falar. As pessoas que sabem ouvir com atenção atraem a simpatia dos demais. Contrariamente, as que não sabem ouvir terminam por se transformar em alvo da antipatia de todos. Certamente, a presença de alguém com essa característica em um ambiente de trabalho não contribui para a manutenção de um bom clima de relacionamento.

DISCORDAR, HABITUALMENTE, DO ARGUMENTO
DOS COLEGAS, SEM OUVI-LOS E COMPREENDÊ-LOS
INTEGRALMENTE

Há pessoas que, por hábito, além de não se disporem a ouvir atentamente o que os colegas têm a dizer, ainda costumam discordar frequentemente do que ouvem. Isso quando conseguem ouvir alguma coisa. Não existe nada mais desagradável do que esse tipo de desconsideração. Essas pessoas passam uma ideia de que se acham mais informadas ou são mais capazes. Sem dúvida, essa convicção sobre si mesmas empresta-lhes um ar de arrogância que gera muita antipatia. Com tal comportamento, dificilmente serão indicadas pelos companheiros de trabalho para representá-los em qualquer evento da organização que necessite de um porta-voz de cada setor.

Além disso, essa postura presunçosa inviabiliza sua indicação para qualquer cargo de comando. Afinal, as pessoas que nos escolhem para ocupar determinado cargo que tem como atribuição a liderança de outros servidores da organização se preocupam sempre com a repercussão de suas decisões. Assim, esse tipo de postura, além de não contribuir para um bom clima de trabalho, prejudica fortemente quem assim age por inviabilizar pretensões de crescimento na carreira profissional do indivíduo.

GUARDAR APENAS PARA SI INFORMAÇÕES QUE SERIAM ÚTEIS
AOS COLEGAS DE TRABALHO

Esta é uma postura muito frequente em ambientes de trabalho. Normalmente, é encontrada em atmosferas competitivas, demonstrando insegurança por parte daqueles que guardam as informações. Não contribuir para o desenvolvimento das atividades dos colegas, sem dúvida, pode ser visto como uma atitude mesquinha e depõe desfavoravelmente contra aquele integrante do grupo. Ademais, pode ser percebido como algo feito deliberadamente para prejudicar um companheiro. Certamente, os sonegadores de informações no trabalho muito colaboram para a deterioração do seu clima. Contrariamente, aqueles que sempre colocam à disposição dos companheiros as informações de que dispõem são muito bem-vistos e contribuem para a melhoria do relacionamento.

FALAR, EXAGERADAMENTE, DE SUAS CONQUISTAS MATERIAIS, FINANCEIRAS OU PROFISSIONAIS

Esse tipo de comportamento é muito desagradável em ambientes de trabalho. Mesmo inconscientemente, existe uma rivalidade natural entre as pessoas, em consequência de sua proximidade. Naturalmente, por ser próprio da natureza humana, as pessoas tendem a se comparar em suas conquistas materiais, financeiras ou profissionais. Essas comparações, em muitos casos, vão além do nível estritamente pessoal e passam a envolver também os parentes mais próximos. Alguém, no ambiente de trabalho, que costuma falar, com frequência, de suas conquistas e de seus familiares, exaltando a sorte ou sua competência ou a dos seus, contribui para chamar contra si uma boa dose de antipatia. Isso, certamente, não é bom para o clima de relacionamento e, muito menos, para o indivíduo, que pode passar a ser alvo de comentários desagradáveis.

FALAR, DE MANEIRA DESABONADORA, DE SUPERIORES, COLEGAS OU SUBORDINADOS

Uma das atitudes mais desagradáveis de alguém é, sem dúvida, a mania de falar desabonadoramente de companheiros de trabalho. Isso conspira contra a confiança que todos buscam desenvolver em torno de sua personalidade. Alguém que tem por hábito falar mal dos colegas e superiores em sua ausência chama para si boa carga de desconfiança. Todos se sentem inseguros quando estão ausentes. Caso essa prática se estenda à maledicência contra superiores, o risco que o indivíduo passa a correr é, certamente, muito elevado.

Em geral, esses comentários costumam chegar aos ouvidos das vítimas mais rapidamente do que se possa pensar e, assim, os resultados são bastante previsíveis. Se os comentários desairosos têm subordinados como alvos, da mesma maneira, haverá sempre alguém disposto a repassar-lhes a informação. Em todos os casos, a postura maledicente é sempre e incondicionalmente malvista e em nada contribui para um bom clima de relacionamento no trabalho. Essas pessoas tendem a ser isoladas do convívio das demais e poucas oportunidades lhes restarão.

MANTER UMA ATITUDE INDISCRETA EM RELAÇÃO A EVENTUAIS CONFIDÊNCIAS FEITAS POR COMPANHEIROS DE TRABALHO

Devemos procurar sempre ser dignos da confiança dos nossos companheiros de trabalho. É essa confiança que solidifica nossos relacionamentos e, em muitos casos, transforma-os em amizade. Para sermos merecedores dessa confiança, uma das posturas indispensáveis é saber guardar conveniência sobre o que nos é relatado em conversa de tom particular ou confidencial. Embora isso pareça algo muito claro e dispense explicações ou avisos, sabemos que muitas pessoas se comportam de modo que não mereça a confiança dos colegas.

Ser indiscreto relativamente a confidências feitas por companheiros é mais comum do que se pode imaginar. Quando alguém se comporta dessa maneira, perde a condição de ser um depositário de informações. Além disso, deixa de merecer a confiança em todos os demais aspectos que exigem esse tipo de atributo no trabalho. Se tudo isso não bastasse, há muitos problemas no ambiente de trabalho que podem derivar de uma postura indiscreta de algum de seus integrantes. Portanto, esse tipo de atitude é, inquestionavelmente, muito pernicioso e prejudicial aos indivíduos e ao clima de relacionamento.

RECLAMAR, HABITUALMENTE, DE SUA CARGA DE TRABALHO, COMPARANDO-A COM A DOS DEMAIS COLEGAS

Há pessoas que, com frequência, falam em seu ambiente de trabalho que estão mais atarefadas do que as demais. Mesmo que isso, eventualmente, ocorra, tal atitude é muito desagradável para todos. Ela tem o poder de atrair a antipatia dos colegas por revelar uma comparação constante entre as atribuições de todos, sendo permanentemente feita por aquele que se acredita injustiçado. As pessoas não gostam de ser comparadas por alguém que adota uma postura de concorrente, visto que sempre estarão em situação de desvantagem. Esse tipo de atitude é muito deteriorante do clima de relacionamento e bastante prejudicial para quem a assume.

DESCUMPRIR COMPROMISSOS ASSUMIDOS COM COLEGAS DE TRABALHO, SEM A PREOCUPAÇÃO DE DESCULPAR-SE

O descumprimento de compromissos assumidos é, em geral, uma atitude que depõe contra qualquer pessoa. Mais grave é quando isso ocorre em relação aos próprios companheiros de trabalho. Certamente, esse tipo de comportamento gera um grande desgaste entre as pessoas e, principalmente, elimina o crédito daquele que descumpriu a palavra. Torna-se mais grave ainda quando uma desculpa não é dada antecipadamente, significando pouco caso em relação àquele que não foi avisado. Sentir-se sem nenhuma importância é muito desagradável e, normalmente, contribui para uma atitude de resistência em relação à pessoa que descumpriu o compromisso assumido. Assim, esse tipo de postura tem o poder de desgastar os relacionamentos e, portanto, de contribuir para a deterioração do clima de trabalho.

NÃO DAR NENHUMA IMPORTÂNCIA ÀS INICIATIVAS GREGÁRIAS DOS COMPANHEIROS DE TRABALHO

Às vezes, é impossível participar de alguma reunião, assembleia ou festejo realizados pelos companheiros em decorrência de outros compromissos previamente assumidos ou de responsabilidades domésticas inadiáveis. Entretanto, devemos evitar que isso se torne uma regra ou um comportamento reiterado. Nunca somos bem-vistos quando faltamos costumeiramente às iniciativas de reunião do nosso grupo de trabalho. Essa atitude pode significar uma rejeição a um contato informal por algum tipo de preconceito ou por qualquer outra razão que não é bem-aceita pelos companheiros.

Por esse motivo, devemos empreender um esforço para sempre nos fazermos presentes a essas iniciativas e buscar estabelecer um relacionamento informal com os colegas, tirando todo o proveito possível dessas reuniões. Ademais, devemos contribuir para a sua realização, sempre que possível. Com certeza, essa atitude é eficaz para a manutenção de um bom clima de relacionamento com todos os que integram nosso ambiente de trabalho e, em certos casos, proporciona oportunidades de aproximação com outros integrantes da organização.

Conclusão

Como dissemos inicialmente, não era nossa pretensão esgotar o rol de atitudes positivas e negativas na convivência com os colegas de trabalho. Mesmo que quiséssemos, isso seria, naturalmente, impossível. Na verdade, procuramos elencar aquelas atitudes mais significativas, tendo presente que variações dessas atitudes, na forma como foram enunciadas, são perfeitamente admissíveis. Podemos, no entanto, pensar em comportamentos próximos dos aqui descritos e construir o rol complementar que quisermos. O mais importante é que, após a reflexão sobre esses comportamentos, torna-se mais fácil desenvolver uma compreensão geral sobre o que é desejável e condenável como comportamento no ambiente de trabalho em relação aos colegas.

Com certeza, se nossa postura no trabalho em relação a nossos pares conseguir pautar-se pelos comportamentos descritos no tópico anterior como positivos, e o conceito resumo desses comportamentos for a solidariedade, teremos todas as possibilidades de crescimento e desenvolvimento a nosso favor. Essa solidariedade pode ser expressa em companheirismo, atenção e disponibilidade. Contrariamente, se nosso comportamento se caracterizar por uma postura negativa, nos moldes das atitudes descritas no tópico precedente, certamente nossos horizontes de crescimento e desenvolvimento serão muito estreitos.

Se pensarmos devidamente sobre o assunto, veremos que atitudes positivas nos fazem sentir muito bem conosco. Isso garante nosso bem-estar e muito contribui para nossa autoestima. Assim, por todos os motivos, devemos adotar atitudes construtivas em nosso ambiente de trabalho em relação a nossos colegas. Dessa maneira, certamente, estaremos criando e fortalecendo as condições de realização pessoal e profissional.

CAPÍTULO 5

Relacionando-se com os subordinados

Um dos fatores mais importantes e, ao mesmo tempo, mais difíceis, no ambiente de trabalho, é o relacionamento com subordinados. Se o cargo que ocupamos tem como uma de suas atribuições chefia, coordenação, supervisão, gerência ou direção de pessoas, devemos estar muito bem preparados para fazê-lo. A falta de preparo nesse sentido pode significar o malogro ou absoluta ausência de êxito em nossas atividades profissionais no cargo que ocupamos. Se, ao contrário, formos bem-sucedidos nesse tipo de relacionamento, seremos reconhecidos, respeitados e legitimados, abrindo-se para nós muitas outras oportunidades.

Portanto, devemos dar muita atenção ao relacionamento com nossos subordinados, na busca do reconhecimento como seus líderes e do respeito à nossa competência profissional, a fim de nos legitimarmos no cargo. É preciso entender que cada subordinado tem uma expectativa em relação a seu superior e que isso é mais ou menos complexo. Essa relação envolve a maneira como veem nosso

SE O CARGO QUE OCUPAMOS TEM COMO UMA DE SUAS ATRIBUIÇÕES CHEFIA, COORDENAÇÃO, SUPERVISÃO, GERÊNCIA OU DIREÇÃO DE PESSOAS, DEVEMOS ESTAR MUITO BEM PREPARADOS PARA FAZÊ-LO.

comportamento como chefe, nossa capacidade de orientá-los no trabalho, bem como nossa postura em defesa de seus interesses, entre outros papéis atribuíveis aos que têm pessoas sob sua liderança.

A seguir, semelhantemente ao que fizemos no capítulo anterior, elencaremos atitudes positivas e atitudes negativas reunidas em tópicos específicos. O objetivo é dar uma visão geral dos comportamentos mais aconselháveis e mais condenáveis por parte daqueles que exercem cargos de chefia. Não se pretende aqui esgotar o rol de comportamentos positivos e negativos, o que seria naturalmente impossível, mas chamar a atenção para aqueles que consideramos os mais importantes. Cada um é comentado, a fim de que se tenha uma ideia mais precisa do seu verdadeiro significado. Com isso, é possível fazer uma reflexão que enriqueça a nossa convicção sobre a pertinência da positividade ou negatividade da atitude comentada.

Atitudes positivas

CUMPRIMENTAR OS SUBORDINADOS PELO NOME

O cumprimento entre as pessoas é sinal de atenção e cortesia. Sempre que alguém toma a iniciativa de cumprimentar, espera em troca a resposta a esse cumprimento. Trata-se de um costume da vida em sociedade. Assim, não se pode contrariar esse costume sem pagar o preço correspondente, isto é, sem passar por desatencioso e descortês.

No caso de sermos os superiores em uma comunidade de pessoas que exercem sua atividade de trabalho, temos por obrigação adotar um comportamento atencioso e cortês com nossos subordinados. Esse gesto é esperado por todos. Agir diferentemente trará, com toda certeza, algum nível de dificuldade no relacionamento do chefe com os subordinados.

Assim, o chefe deve adotar um comportamento gentil expresso no cumprimento no início da jornada e na despedida ao final, dirigindo-se ao subordinado pelo nome e sempre buscando assumir a iniciativa. Tratar as pessoas pelo nome é um sinal de atenção, de consideração. Por outro lado, a demonstração de desconhecimento do nome significa, certamente, uma desatenção. Todos gostam de ser lembrados pelo nome, principalmente quando esse gesto parte de um superior hierárquico. Essa atitude por parte de um superior contribui bastante para a manutenção de um bom clima de relacionamento no ambiente de trabalho e ajuda a quebrar eventuais barreiras que porventura existam entre ele e os subordinados.

INTERESSAR-SE PELA VIDA DOS SUBORDINADOS,
PERGUNTANDO POR SEUS FAMILIARES APÓS OS
AFASTAMENTOS PROLONGADOS

Todos nós apreciamos um tratamento em nosso ambiente de trabalho que demonstre atenção além dos estritos limites do simples formalismo. O interesse das pessoas pelo nosso bem-estar e de nossos familiares, quando expresso de maneira que não demonstre apenas formalismo, nos é sempre muito grato. Esse gesto é particularmente importante quando, após afastamentos maiores, como licenças e férias, nosso superior hierárquico manifesta seu interesse em saber sobre o que fizemos e também sobre nossos familiares. Isso demonstra que, mesmo que superficialmente, ele conhece a composição de nossa família, visto que anteriormente já se informou conosco sobre isso. É, portanto, um sinal de comportamento atencioso.

Esse interesse do chefe demonstra, ademais, uma preocupação com aquelas pessoas que nos são muito caras. Dessa forma, abre-se espaço para conversas abrangentes e que excedem os limites austeros e exclusivos do trabalho. Estão assentadas, assim, as bases para um relacionamento mais próximo e um diálogo mais franco e produtivo. A liderança só pode ser construída se houver a confiança das pessoas subordinadas a nós. Essa confiança pode ser construída também com a ajuda de ingredientes como o que estamos tratando aqui. Sem dúvida, trata-se de um comportamento que muito contribui para fortalecer o crédito dos superiores em relação aos subordinados.

DEMONSTRAR INTERESSE PELO TRABALHO DOS SUBORDINADOS

O trabalho constitui o que temos de mais caro e importante em nossa vida como seres produtivos. Nosso desempenho no cargo que ocupamos é, certamente, o cerne de nossas preocupações na organização a que pertencemos. Com razoável frequência, surgem dificuldades e necessidades relacionadas ao desempenho das atividades inerentes ao nosso cargo. Nesses momentos, necessitamos apelar para alguém que nos ofereça apoio e, certamente, a pessoa mais indicada é nosso superior imediato. Para que possa compreender o que expomos como objeto de nossas preocupações, é indispensável que esse superior esteja a par do que fazemos. Mais do que isso, é necessário que compreenda o significado das dificuldades que estamos enfrentando.

Além disso, torna-se também indispensável que esse superior manifeste seu interesse em ajudar seus subordinados. A primeira demonstração dessa postura se revela pela preocupação constante com o que fazem os subordinados, conhecendo em que consiste seu trabalho e quais as dificuldades e necessidades mais frequentes. Se isso acontece costumeiramente, é possível prever o apoio nos momentos em que se torna indispensável. Essa postura em relação aos subordinados tem o poder de elevar a qualidade do relacionamento no ambiente de trabalho e contribui para legitimar uma posição de liderança.

PROCURAR CONHECER O CONTEÚDO, OS PROCESSOS
E OS MÉTODOS RELACIONADOS AO TRABALHO DOS
SUBORDINADOS

O superior que desejar efetivamente transformar-se em líder de seus subordinados deve conhecer muito bem as tarefas que desempenham e informar-se detalhadamente sobre o que fazem, em termos de conteúdo, processos e métodos de trabalho. Esse interesse pode fazer uma grande diferença nas conversas que é obrigado permanentemente a manter com seus subordinados. É exatamente nesses momentos que deve demonstrar esse conhecimento. Isso ajuda a legitimar suas opiniões e a consolidar-se como pessoa merecedora do cargo que exerce.

Todavia, não é esse o único propósito que deve levar um superior a interessar-se pelo domínio dos conteúdos, processos e métodos utilizados nas atividades desenvolvidas no setor que está sob seu comando. É também indispensável oferecer uma palavra de orientação quando detectar eventuais baixas de desempenho no trabalho dos subordinados, o que só pode ser oferecido com conhecimento de causa. Assim, por muitas razões, os superiores devem dominar as informações principais relacionadas ao trabalho de seus liderados. O clima de relacionamento, nesses casos, pode melhorar sensivelmente. Como consequência, as atividades se desenvolvem com desempenho mais elevado

APOIAR OS SUBORDINADOS EM SUAS JUSTIFICÁVEIS SOLICITAÇÕES RELACIONADAS AO TRABALHO

O bom desempenho das atividades no cargo que ocupamos em uma organização nos dá sempre uma sensação de bem-estar e realização. Sem dúvida, o êxito do setor a que pertencemos depende também da qualidade do nosso desempenho. Portanto, espera-se um interesse significativo de quem lidera esse setor para a obtenção de um bom resultado do nosso trabalho. Assim, é natural que contemos com a ajuda do maior responsável pelo trabalho do setor nos momentos em que dele necessitamos. Esse apoio é indispensável quando enfrentamos alguma dificuldade ou necessidade que pode ser resolvida ou suprida por nosso superior hierárquico.

Dessa maneira, é natural que esperemos todo o apoio possível quando levamos ao nosso superior questões que só podem ser resolvidas com a sua ajuda, seja porque está nele a solução, seja porque a solução pode ser encaminhada para os níveis mais elevados da organização. Se, efetivamente, contamos com esse tipo de apoio, há uma tendência a que essa postura do nosso superior imediato contribua para a consolidação de sua condição de líder do setor. O interesse em que os subordinados resolvam o mais rapidamente possível os problemas que estejam entravando o trabalho contribui decisivamente para a manutenção de um bom clima de relacionamento.

RECEBER OS SUBORDINADOS COM INDISPENSÁVEL PRIVACIDADE SEMPRE QUE DEMONSTRAREM ESSE DESEJO

Não raro, necessitamos conversar com nosso superior imediato. Por vezes, essa necessidade se prende a questões diretamente ligadas ao trabalho. Todavia, podem estar relacionadas a conflitos com colegas ou a problemas particulares, entre outras possibilidades. Nesses momentos, queremos ser recebidos com toda a atenção e privacidade, visto que, em muitos casos, é recomendável que outras pessoas não tenham ciência do conteúdo da conversa. Assim, esperamos contar tanto com a audiência atenta do nosso superior quanto com sua discrição. Nesses casos, o chefe necessita atender às expectativas do subordinado, a fim de que sua confiança não seja frustrada e o superior continue a ser digno dela permanentemente.

Essas ocasiões devem ser muito bem aproveitadas para aconselhamentos referentes ao trabalho, à convivência com os colegas e a oportunidades proporcionadas pela organização. Se convier, podem ser discutidos outros assuntos em que o superior acredite que possa oferecer alguma contribuição. Um clima de confiança entre superior e subordinado tem efeitos muito positivos nas relações de trabalho, contribuindo decisivamente para a consolidação de uma liderança. Caso esse tipo de confiança se estabeleça, o superior pode estar seguro de se manter permanentemente informado sobre os problemas relacionados ao trabalho e aos possíveis conflitos para cuja superação poderá e deverá contribuir.

ELOGIAR, SEMPRE QUE SE JUSTIFIQUE, O TRABALHO DOS SUBORDINADOS

Uma das coisas mais gratificantes para quem trabalha é, certamente, ter sua competência e sua responsabilidade reconhecidas. Afinal de contas, são esses atributos que nos conferem dignidade no trabalho, elemento essencial para manter em bom nível a nossa autoestima. O melhor reconhecimento com o qual podemos contar é aquele que vem do nosso superior hierárquico. Afinal, é dele que esperamos uma palavra de elogio quando realizamos bem as nossas tarefas. Quando essa palavra não vem, sentimo-nos, em certa medida, frustrados e desestimulados. A tendência, nesse caso, é que nosso rendimento não se mantenha nos níveis anteriores. Portanto, nosso desempenho pode sofrer uma queda, com prejuízos para nosso trabalho, para o trabalho dos demais companheiros e, por extensão, para a própria empresa.

Por esses motivos, o responsável pelo comando do setor deve ter a sensibilidade de julgar a qualidade do trabalho de seus subordinados, expressando, quando cabível, o elogio de que são merecedores. Dessa forma, estará contribuindo eficazmente para a manutenção da autoestima do subordinado, ao mesmo tempo que reforça sua atitude responsável e competente. Isso contribui bastante para a manutenção de um bom clima no ambiente de trabalho, fortalece o relacionamento e solidifica a condição de liderança do responsável pelo setor.

PROCURAR, SEMPRE QUE POSSÍVEL, MANTER BOM HUMOR E OTIMISMO NO AMBIENTE DE TRABALHO

O bom humor no ambiente de trabalho é um dos grandes responsáveis pelo alcance e pela manutenção de elevados níveis de desempenho em qualquer setor de uma organização produtiva. Afinal de contas, o bem-estar é algo que contribui, decisivamente, para a dedicação das pessoas ao que realizam no trabalho. Outro ingrediente importante para esse bem-estar e para as conquistas por ele condicionadas é, certamente, o otimismo reinante no ambiente de trabalho. E o responsável maior por isso é quem lidera as atividades no setor. Assim, uma postura bem-humorada e otimista em relação ao que se desenvolve no ambiente de trabalho por parte do responsável pelo setor contribui positivamente para o melhor desempenho de todos.

ASSUMIR, SEMPRE QUE POSSÍVEL, A DEFESA DO INTERESSE DOS SUBORDINADOS

No desempenho de suas atividades em uma organização, as pessoas, muitas vezes, são levadas, individual ou coletivamente, a desenvolver interesses. Quando justificáveis, esses interesses precisam ser atendidos para garantir um bom clima de trabalho. Evidentemente, o superior responsável pelo setor é a primeira pessoa a quem se apela na busca do atendimento de tais solicitações. Por todas as razões, uma vez reconhecidos o fundamento e a justiça do que é reivindicado, o superior deve assumir a sua defesa.

Esse é um dos riscos para aqueles que ocupam cargos de comando, uma vez que são, ao mesmo tempo, subordinados a outras pessoas na hierarquia das organizações. Às vezes, uma defesa pode não ser muito bem recebida por instâncias superiores. Entretanto, é preferível que ela seja conduzida, mesmo porque as pessoas que defendem os interesses dos seus subordinados constroem uma boa imagem perante todos. A condição de líder exige esse tipo de postura. Ela tem o poder de contribuir para a legitimação do líder, além de colaborar fortemente para um clima de bom relacionamento.

PARTICIPAR, SEMPRE QUE CONVIDADO, DE REUNIÕES OU
FESTIVIDADES ORGANIZADAS POR SUBORDINADOS

As reuniões ou festividades organizadas por integrantes de uma organização representam, normalmente, prova de bom relacionamento entre as pessoas, além de reforçarem esse relacionamento. Nesses eventos, as conversas descontraídas se estendem por assuntos outros que não os do trabalho, contribuindo para uma melhor aproximação de todos. Há ocasiões em que os superiores são convidados e, por essa razão, esperados. Sua presença, normalmente, é prestigiosa para todos os integrantes do setor. Já sua ausência pode ser compreendida como uma atitude de desprestígio, gesto bastante sentido. Não se espera que uma postura desse tipo colabore para a solidificação de uma liderança. Os que assim se comportam podem ser vistos como arrogantes e presunçosos. E isso em nada ajuda no desenvolvimento de um bom clima de trabalho e de um bom relacionamento com os subordinados.

Atitudes negativas

Adotar uma postura pessimista em relação às conquistas do setor que lidera

É natural que tenhamos orgulho do trabalho realizado no setor ao qual pertencemos na organização. Dessa forma, sentimo-nos muito felizes quando nosso setor é alvo de elogios. Sempre esperamos de quem o lidera uma postura vibrante e otimista em relação a essas conquistas por terem um significado muito importante. Afinal, é também delas que os pleitos do setor dependem para serem atendidos e, consequentemente, para que os nossos pleitos possam ser acatados.

A postura pessimista em relação a essas conquistas por parte do responsável pelo setor de atividades tem o poder de contaminar o ânimo de todos quantos nele trabalham. Portanto, em nada contribui para a melhoria da produtividade e da qualidade do trabalho de todos. Trata-se de uma atitude bastante negativa, que não contribui para a consolidação da liderança do superior e tampouco para a manutenção de um bom clima de relacionamento.

DEIXAR DE CUMPRIMENTAR OS SUBORDINADOS FORA DO AMBIENTE DE TRABALHO

Sermos reconhecidos por nossos superiores fora da organização em que trabalhamos e, ao mesmo tempo, tratados com cortesia, certamente contribui para a nossa autoestima. Significa que somos lembrados e merecedores de atenção, mesmo se não estejamos exercendo nossas funções na organização. Nessa última condição, naturalmente, torna-se mais fácil para nossos superiores lembrarem-se de nós e nos cumprimentarem.

Se, contrariamente, não somos por eles reconhecidos, a sensação que toma conta de nós é algo parecido com mágoa ou ressentimento. Essa indiferença passa-nos a impressão de arrogância e presunção, o que em nada colabora para o desenvolvimento de um clima de confiança e empatia no trabalho. O superior que adota essa indiferença em relação aos subordinados fora dos ambientes da organização não consegue atrair sua simpatia e dificilmente se imporá como líder desses mesmos subordinados. O clima de relacionamento tende a ser o pior possível, com todos os prejuízos daí decorrentes.

SER INCAPAZ DE ORIENTAR OS SUBORDINADOS EM SEU TRABALHO

Os subordinados sempre esperam contar com seu superior imediato nos momentos de dúvida em que necessitam de esclarecimentos e orientação. A presunção é de que ele ocupa aquele cargo em decorrência de sua competência e capacidade de liderança. Essa expectativa não deve ser frustrada, sob pena de elevado desgaste para quem está ocupando o cargo de superior hierárquico. Assim, convém que o responsável pelo trabalho de outras pessoas em uma organização adote uma postura de disponibilidade em relação a seus subordinados.

Deve orientá-los em suas atividades, dirimindo dúvidas e aconselhando-os no tocante a conteúdos, processos e métodos de trabalho. Para tanto, é imprescindível que tenha o domínio sobre esses assuntos e que se disponha a oferecer tais orientações. A atitude que expressa incapacidade de orientar os subordinados não contribui para a consolidação da liderança do superior e não colabora para o desenvolvimento de um bom clima de relacionamento.

ESQUECER COMPROMISSOS ASSUMIDOS COM SUBORDINADOS

O respeito a compromissos assumidos é forte ingrediente para o fortalecimento do relacionamento entre as pessoas. No ambiente de trabalho, essa atitude assume importância ainda maior em virtude do permanente contato entre elas, o qual não permite que a quebra do compromisso seja facilmente esquecida, contribuindo para a deterioração do relacionamento. Quando se trata da quebra de compromisso entre um superior e um subordinado, a sensação para este é de total desprestígio se uma boa justificativa não for apresentada.

Geralmente, nesses casos, a palavra do superior cai em descrédito e contribui decisivamente para seu enfraquecimento como líder do setor pelo qual é responsável. É inegável que o respeito à palavra empenhada empresta-nos muita dignidade e autoridade. Além disso, permite-nos andar sempre de cabeça erguida, sem enfrentar os constrangimentos naturais sofridos por aqueles que não cumprem com a palavra. A correta justificativa, quando for impossível honrar o que foi prometido, deve ser utilizada no momento oportuno, para não parecer apenas uma desculpa arranjada.

ADOTAR UMA ATITUDE DE COMPLETO DESINTERESSE EM RELAÇÃO AOS PROBLEMAS DOS SUBORDINADOS

De maneira geral, a postura desinteressada em relação aos problemas dos outros revela que a pessoa tem personalidade com traços egoístas. Isso é mais grave quando se trata de companheiros de trabalho e, pior ainda, quando esse desinteresse é demonstrado por superiores em relação a subordinados. Convém lembrar que a condição de líder de um setor de trabalho envolve responsabilidades com o bem-estar dos liderados. Certamente, uma postura desinteressada por parte de um superior, em relação a problemas enfrentados por subordinados, produz neles uma sensação de desproteção, resultando na perda de confiança naquele superior. A condição de líder, nesses casos, passa a enfrentar dificuldades dificilmente superáveis. Assim, nos momentos em que esse superior necessitar de audiência para os próprios relatos de problemas e de ajuda dos subordinados, certamente não poderá contar com isso.

GUARDAR APENAS PARA SI INFORMAÇÕES ÚTEIS À VIDA PROFISSIONAL DOS SUBORDINADOS

Todos nós dependemos continuamente de informações à nossa vida profissional. Além de essas informações serem referentes a conquistas de conhecimentos resultantes de pesquisas, a cursos de aperfeiçoamento, especialização ou pós-graduação *stricto sensu*, a artigos, livros, conferências, etc., podem ser relacionadas a oportunidades de emprego, seleções internas, entre outras.

A pessoa mais informada do setor a que pertencemos é, sem dúvida, o nosso superior. Por contar com mais acesso a documentos e ter maior contato com outras pessoas, certamente detém um número bem maior de informações. Portanto, espera-se, nesses casos, que o superior adote uma postura solidária com o subordinado. Deve, assim, proporcionar-lhe acesso a todas as informações que lhe forem úteis no desempenho de suas atividades, bem como àquelas que contribuam para o seu crescimento profissional. Uma postura diferente, como a de sonegar essas informações, expressa egoísmo e mesquinhez e em nada contribui para o fortalecimento da liderança do superior.

FALAR MAL DE SUPERIORES, COLEGAS OU SUBORDINADOS

A atitude maledicente é algo bastante condenável em qualquer ambiente, especialmente no trabalho. É que nesse ambiente se exercem influências e poder, estabelecendo-se, consequentemente, conflitos de interesses e de outras espécies. Quando a atitude maledicente é adotada pelo líder do setor, ela gera graves consequências. Essa atitude assumida contra superiores, colegas e subordinados tem um poder extraordinariamente deteriorante em relação ao clima de trabalho, para dizer o mínimo. Ela dá origem a conflitos, criando um clima de mal-estar insuperável. Dessa forma, por todas as razões, é indesejável.

Em algumas situações, essa postura pode custar o cargo que o maledicente ocupa, com todos os prejuízos daí decorrentes.

CHAMAR A ATENÇÃO DE SUBORDINADOS NA PRESENÇA DE OUTRAS PESSOAS

Se um superior, por algum motivo justificável, necessitar chamar a atenção de algum subordinado, deve fazê-lo na ausência de outras pessoas. Trata-se de uma atitude de respeito à dignidade do indivíduo o qual, certamente, tem em elevada conta. Em uma conversa a dois, entre superior e subordinado, é possível expressar toda a insatisfação eventualmente existente daquele em relação ao trabalho deste, ou a algum comportamento indesejável.

Se o assunto for colocado de maneira tranquila e educada, o subordinado pode considerar a intervenção do superior como uma orientação e, até mesmo, agradecer o fato de ter sido a conversa realizada com discrição e privacidade. Contrariamente, se isso vier a ser feito na presença de outras pessoas, o resultado será desastroso. É humilhante para um indivíduo que tenha algum resquício de dignidade ser chamado a atenção na frente de testemunhas. É um gesto inaceitável, que muito contribui para comprometer as condições necessárias a um bom relacionamento no ambiente de trabalho.

LEVANTAR A VOZ, QUANDO SE DIRIGE A ALGUM SUBORDINADO

Dirigir-se às pessoas exige de cada um de nós uma atitude cortês e educada. Não podemos fazê-lo de maneira arrogante ou presunçosa, sob pena de não termos os resultados pretendidos alcançados. E o que é pior, poderemos ser alvo de uma reação grosseira ou violenta. Essa situação jamais deve acontecer no ambiente de trabalho, especialmente quando se trata de um superior em relação a um subordinado.

Jamais um superior deverá elevar o tom de voz quando se dirige a um subordinado. Trata-se de desconsideração e agressão injustificável que dificilmente será perdoada. Em alguns casos, pode dar origem a conflitos bem mais graves. A elevação do tom de voz pode significar perda de controle, fraqueza de argumentos e ausência de autoridade e liderança. Isso nunca é tolerado por subordinados, contribuindo decisivamente para a deterioração do clima de relacionamento no trabalho. Ademais, traz prejuízos à condição de liderança do responsável pelo setor de trabalho.

ASSUMIR UMA POSTURA INDIFERENTE EM RELAÇÃO AOS PLEITOS INDIVIDUAIS OU COLETIVOS DOS SUBORDINADOS

Muitas vezes, os integrantes de um setor de trabalho em uma organização têm pleitos individuais ou coletivos a serem encaminhados a instâncias superiores. Esses pleitos podem estar relacionados a problemas pessoais ou de familiares, a interesses salariais, a condições de trabalho, a benefícios coletivos, entre outros. Quando o atendimento a esses pleitos extrapola sua alçada, o superior deve ser informado para que possa dar o necessário encaminhamento. Isso porque o acesso às instâncias superiores, por parte dos subordinados, só será possível por meio dele ou com sua permissão. Assim, espera-se que ele tome as providências necessárias. Além disso, caso encontre a indispensável justificativa, o pleito dos subordinados deve ser defendido com verdadeiro interesse. Não adotar uma postura como essa ocasiona ao superior hierárquico a má vontade dos subordinados e, certamente, ficará comprometida sua condição de líder.

Conclusão

Às vezes, por atribuição própria do cargo que ocupamos em uma organização, somos obrigados a lidar com subordinados. Trata-se, certamente, de uma grande responsabilidade em virtude do fato de que essas pessoas trabalham sob nosso comando e orientação. Ademais, compete-nos cobrar o resultado de suas atividades. Nessa condição, transformamo-nos em referência para todos aqueles que dirigimos e que, nas instâncias superiores, representamos. Dessa forma, é necessário que sejamos capazes, efetivamente, de conseguir o melhor resultado possível do trabalho de cada um em particular e de todos como conjunto responsável pela atividade que caracteriza o setor a que pertencem.

Para tanto, é indispensável que adotemos atitudes éticas, construtivas, referenciais e motivadoras. As atitudes comentadas como sendo positivas neste capítulo não têm a pretensão de esgotar o rol de posturas desejáveis por parte de quem ocupa um cargo de chefia em uma organização relativamente a seus subordinados. Mas, certamente, resumem as que exemplificam o que seriam posturas recomendáveis. Aquelas listadas e comentadas como atitudes negativas prestam-se a exemplificar o que seria bastante inadequado por parte de um superior em relação àqueles que trabalham sob seu comando. Evidentemente, o quadro atitudinal comentado oferece uma ideia abrangente de posturas desejáveis e indesejáveis no tocante ao relacionamento entre chefes e subordinados. A partir desse marco postural, é possível ampliar a perspectiva desse tipo de relacionamento para uma série muito variada de situações, tendo no referencial das atitudes comentadas aqui o elemento de orientação para a sua caracterização como positiva ou negativa.

Os chefes que conseguem adotar uma atitude correta em relação a seus subordinados nas distintas situações oferecidas no dia a dia tendem a fortalecer sua liderança. Havemos de convir que aqui reside o conceito mais fundamental a ser observado nessas relações. Provavelmente, os chefes que se pautarem por atitudes positivas poderão conseguir os melhores resultados do setor pelo qual são responsáveis. Naturalmente, um chefe que permanentemente fortalece sua liderança consolida sua imagem positiva na organização e, com isso, promove o surgimento de novas oportunidades profissionais, garantindo uma expectativa de êxito que fatalmente conquistará. Ao contrário, se as atitudes do superior forem predominantemente caracterizadas como negativas, a exemplo das que foram comentadas no tópico anterior, é bastante provável que ele venha a enfrentar sérias dificuldades em manter o cargo que ocupa. Além dessas, enfrentará outras dificuldades para ascender na carreira profissional nos quadros da organização.

CAPÍTULO 6

Relacionando-se com os superiores

O relacionamento com os superiores é, sem dúvida, um dos aspectos mais importantes do nosso comportamento no trabalho. A consideração e o respeito que deles mereceremos muito contribuem para nosso bem-estar, autoestima e motivação. Mas esse comportamento, em larga medida, depende da maneira como nos relacionamos com eles, isto é, de nossa atitude em relação a eles em todas as oportunidades, seja no ambiente de trabalho, seja fora dele. Essa nossa atitude deve se caracterizar, fundamentalmente, pela consideração e pelo respeito. Todavia, isso deve ser feito com altivez e dignidade, a fim de que, nem de longe, nossa atitude possa ser confundida com uma postura bajulatória. Essa impressão retira a dignidade do indivíduo e pode deixá-lo bastante fragilizado perante o próprio superior, tornando-o também alvo de desprezo dos colegas de trabalho.

A relação sadia com chefes, coordenadores, supervisores, gerentes ou diretores da organização a que pertencemos pode nos ajudar no crescimento profissional e no

A RELAÇÃO SADIA COM CHEFES, COORDENADORES, SUPERVISORES, GERENTES OU DIRETORES DA ORGANIZAÇÃO A QUE PERTENCEMOS PODE NOS AJUDAR NO CRESCIMENTO PROFISSIONAL E NO APROVEITAMENTO DE NOVAS OPORTUNIDADES.

aproveitamento de novas oportunidades. Ao contrário, caso não tenhamos a sensibilidade necessária a um comportamento adequado, nossa atitude pode estabelecer barreiras, às vezes intransponíveis, impedindo assim nosso crescimento em termos profissionais. Semelhantemente ao que fizemos nos capítulos anteriores em relação ao comportamento com colegas de trabalho e com subordinados, adiante vamos elencar as atitudes positivas e negativas em relação aos superiores.

Certamente, não temos a pretensão de esgotar a lista de atitudes positivas ou negativas. Nosso propósito é relacionar comportamentos principais e mais frequentemente detectáveis dos subordinados em relação aos superiores e comentá-los, a fim de que se forme uma ideia geral sobre a postura mais conveniente. Com base nessas atitudes listadas e comentadas, será possível inferir, naturalmente, outras atitudes positivas e negativas, firmando-se uma ideia ampla sobre o comportamento mais adequado dos subordinados em relação aos superiores em qualquer tipo de organização.

Atitudes positivas

CUMPRIMENTAR, HABITUALMENTE, O SUPERIOR

O cumprimento é sinal de consideração e, ao mesmo tempo, um gesto de boa educação. Essa é uma atitude esperada de todos, no início da jornada ou no final, quando devemos cumprimentar colegas, subordinados ou superiores. Quem não costuma expressar esse gesto é sempre malvisto. Essa atitude pode dar margem a interpretações distintas. A menos grave é que ela tenha sido uma simples distração. No que se refere aos superiores, o ato de cumprimentá-los expressa consideração e respeito pela sua condição, e isso é esperado por eles. A frustração dessa expectativa pode gerar uma reação de má vontade em relação ao subordinado desatencioso. Convém lembrar que as pessoas são, normalmente, vaidosas dos cargos de chefia que ocupam e conscientes do poder que têm e/ou podem exercer sobre os subordinados.

PEDIR LICENÇA AO SUPERIOR, SEMPRE QUE A ELE SE DIRIGIR EM SEU POSTO DE TRABALHO OU EM QUALQUER OUTRO AMBIENTE

Ao nos dirigirmos a qualquer pessoa, é natural que peçamos licença para falar-lhe. Trata-se de uma atitude educada, e isso é esperado por todos. Se estamos nos dirigindo a um superior, o pedido de licença para interrompê-lo se impõe em virtude de se tratar de uma postura educada. Além disso, ele espera de nós essa demonstração de respeito e consideração. Devemos aguardar o consentimento do nosso superior, que pode ser dado simplesmente com um gesto. O comportamento exageradamente informal e com certa carga de intimidade nunca é bem-visto pelos superiores, podendo motivar uma reação desfavorável para nós. Contrariamente, um comportamento respeitoso contribui para a manutenção e elevação do bem-estar no ambiente de trabalho.

AGENDAR COM O SUPERIOR TODAS AS CONVERSAS QUE COM ELE SE PRETENDA MANTER NO AMBIENTE DE TRABALHO

Às vezes, necessitamos manter uma conversa mais demorada com o nosso superior e não imaginamos que ele esteja disponível a qualquer tempo. Nessas ocasiões, devemos sempre solicitar sua concordância em nos receber, adiantando o assunto que temos a tratar e a estimativa do tempo necessário. Assim, por meio de sua secretária ou por telefone, devemos pedir esse agendamento. Se o ambiente de trabalho do superior não é isolado do nosso, podemos consultá-lo pessoal e diretamente. Só devemos, entretanto, nos sentir à vontade para expor o que pretendemos após sua concordância. Essa atitude é bem-vista por todos os que ocupam cargos de chefia, por ser um tratamento educado e gentil dos seus subordinados. Essa também é uma atitude que contribui para a manutenção e elevação do bem-estar no ambiente de trabalho.

SUBMETER À APRECIAÇÃO DO SUPERIOR QUALQUER IDEIA RELATIVA À INOVAÇÃO QUE EVENTUALMENTE SE QUEIRA INTRODUZIR NO TRABALHO

Muitas vezes nos sentimos motivados a introduzir inovações nos processos e métodos de trabalho utilizados em nosso cargo. Buscamos com isso a melhoria do padrão de qualidade dos resultados da nossa atividade ou, eventualmente, os ganhos de eficiência. Não podemos, entretanto, introduzir tais inovações sem a concordância do nosso superior. Isso só será possível após uma exposição de nossa parte sobre as vantagens do que pretendemos fazer. É importante, ainda, que ele tenha a oportunidade de analisar nossa proposta, a fim de que possa, se for o caso, avaliá-la, aportando eventualmente suas contribuições. Aliás, sempre devemos expor nossas sugestões, solicitando essa avaliação do nosso superior. Essa atitude será sempre bem-vista e elimina possíveis resistências decorrentes da vaidade do chefe. O clima de trabalho, nesses casos, tende a melhorar e nossas propostas serão mais facilmente aceitas.

SOLICITAR AO SUPERIOR IMEDIATO AUTORIZAÇÃO PARA TRATAR DE ASSUNTOS DE INTERESSE DO TRABALHO COM SUPERIORES DE OUTROS SETORES

A dinâmica do trabalho nas organizações impõe, muitas vezes, a necessidade do contato com superiores de outros setores. Nesses casos, é conveniente que busquemos conversar com nosso chefe imediato sobre essas necessidades. Dessa forma, podemos lidar com responsáveis por outros setores com toda a tranquilidade, conhecendo a posição do nosso chefe em relação ao que estamos fazendo. Como sabemos, em qualquer organização, podem existir eventuais conflitos de interesse e de poder.

Portanto, devemos ter a sensibilidade de adotar um comportamento adequado, a fim de não criarmos situações desagradáveis ou embaraçosas. Muitas coisas ocorrem nas organizações em que trabalhamos que passam ao largo do nosso conhecimento, mas que podem ser do conhecimento do nosso superior. Consultá-lo, nesses casos, é sempre um comportamento previdente e contribui para a elevação de nosso conceito como pessoas responsáveis e maduras. Essa postura é muito bem-vista pelos superiores e favorece a manutenção de um bom clima de relacionamento.

PEDIR AO SUPERIOR AUTORIZAÇÃO PARA TRANSFERÊNCIA DE INFORMAÇÕES

A troca de informações entre setores de uma organização é algo bastante comum. Às vezes, essa troca se dá entre organizações. Nas ocasiões em que somos solicitados, formal ou informalmente, a fornecer informações sobre o setor a que pertencemos, não devemos, sob nenhuma justificativa, fazê-lo sem a autorização do nosso superior. A presunção é que ele, em decorrência do cargo que ocupa, tenha melhores condições para tomar a decisão em liberar ou não as informações solicitadas.

Dessa forma, tomar a iniciativa de fornecer informações sem autorização do superior pode ferir sua vaidade, tendo em vista que alguma coisa importante está sendo feita sem seu conhecimento ou concordância. É, portanto, aconselhável que o subordinado assuma uma atitude de respeito à hierarquia. Essa atitude prudente muito contribuirá para a elevação do seu conceito perante o chefe do setor ao qual pertence, fortalecendo o relacionamento respeitoso no ambiente de trabalho.

SOLICITAR AO SUPERIOR ORIENTAÇÃO QUANDO TIVER DE REPRESENTAR O SETOR EM REUNIÕES DE TRABALHO

Às vezes, somos convidados a participar de reuniões em outros setores da organização ou mesmo fora dela. Os convites são muitas vezes dirigidos a nós diretamente, sem o conhecimento do nosso superior. Há casos, porém, em que a indicação para participar dessas reuniões parte do nosso próprio chefe. Em ambas as situações, mas muito especialmente na primeira, devemos solicitar uma orientação no que se refere ao nosso posicionamento em tais reuniões. Não podemos esquecer que estaremos representando um setor de trabalho e, no caso de outra empresa, a própria organização.

Quando nos comportamos de maneira muito independente e autossuficiente, essa atitude poderá não ser bem-aceita por nosso superior. Nesse caso, não se trata de uma questão de simples vaidade ferida. Como frisamos, o superior dispõe de bem mais informações do que qualquer integrante do setor, pelo menos se presume. Isso lhe confere condições de avaliar melhor a postura mais recomendável que o subordinado deve assumir nessas reuniões. Comportar-se, nesses casos, de forma a buscar e acatar as orientações do superior é, sem dúvida, uma atitude bem-vista e fortalece a confiança e o relacionamento no ambiente de trabalho.

EMITIR OPINIÃO SOBRE PONTOS DE VISTA DO SUPERIOR APENAS QUANDO POR ELE SOLICITADO

Normalmente, os ocupantes de cargos de chefia nas organizações são muito ciosos de sua competência, pelo menos nos casos em que conquistam esses postos por seus próprios méritos. Evidentemente, como todos sabemos, existem os outros casos. Quando o cargo de chefia é obtido sem o devido mérito, um dos possíveis traços do comportamento do chefe é a insegurança. Assim, como disfarce, são tentados a emitir opiniões, o que fazem como prova de que se sentem seguros. Há, entretanto, os que demonstram humildade e se rendem à competência de subordinados ou, pelo menos, fingem que se rendem.

Não nos surpreendamos com isso. Assim é a natureza humana.

Em todos os casos, devemos ter muito cuidado para não nos posicionar frontalmente contra suas opiniões. Na verdade, só devemos comentá-las se formos solicitados por eles a fazê-lo. Mesmo assim, devemos ter a cautela de não ferir-lhe a vaidade. Se tivermos de emitir uma opinião contrária ao que nosso chefe pensa e quisermos fazê-lo por uma questão de honestidade profissional, devemos procurar uma ocasião em que estejamos a sós. Certamente, uma postura discreta, como essa, será bem recebida, lembrando que só devemos agir assim nos casos em que formos solicitados a nos posicionar. Essa postura, além de nos preservar, contribui para o fortalecimento dos laços de confiança do chefe em relação ao subordinado.

PROCURAR MANTER O SUPERIOR INFORMADO SOBRE AS ATIVIDADES, DIFICULDADES OU CONQUISTAS RELACIONADAS AO TRABALHO

Os superiores necessitam estar permanentemente informados sobre as atividades de seus subordinados, incluindo suas dificuldades ou conquistas alcançadas no trabalho que desenvolvem. Essa é uma das condições imprescindíveis para quem pretende efetivamente chefiar e liderar o setor pelo qual é responsável. Os superiores esperam, portanto, que seus subordinados os deixem continuamente informados. Assim, devemos levar-lhes todas as informações relacionadas a esses aspectos, a fim de que se inteirem de tudo.

Essa atitude é sempre muito bem recebida e contribui para a melhoria do clima de relacionamento e para o fortalecimento da confiança que em nós depositam. O comportamento contrário promove a desconfiança, e isso só nos é desvantajoso. Ademais, novas oportunidades podem surgir a partir das conquistas alcançadas pelo nosso trabalho. Portanto, quanto mais elas forem divulgadas por quem chefia o setor, tanto melhor. No caso das dificuldades, também elas devem ser do conhecimento do responsável pelo setor, aumentando, assim, as probabilidades de que se consiga apoio para superá-las.

PROCURAR ATENDER ÀS SOLICITAÇÕES DO SUPERIOR DA MELHOR MANEIRA POSSÍVEL E NO PRAZO ESTIPULADO

Os superiores sempre esperam que suas solicitações aos subordinados sejam vistas como prioritárias. Na condição de chefes, mais do que ninguém, eles conhecem, ou deveriam conhecer, o que é mais ou menos prioritário. Assim, uma vez solicitado por ele determinado trabalho ou providência, devem ser empreendidos todos os esforços no sentido de atender ao que foi solicitado. Pode, todavia, o subordinado, nos casos que julgue necessário, lembrar-lhe de algo que possa demovê-lo da opinião sobre a prioridade que está estabelecendo.

No atendimento à solicitação feita pelo superior, o subordinado deve primar pela qualidade do que é realizado e pelo cumprimento do prazo que foi estabelecido, configurando-se uma boa oportunidade de consolidar a imagem de colaborador responsável, eficiente e atencioso. Essa postura contribui muito fortemente para um clima de bom relacionamento e para uma sólida confiança do superior em relação ao subordinado.

Atitudes negativas

TRATAR O SUPERIOR COM INTIMIDADE NA PRESENÇA DE OUTRAS PESSOAS

Uma atitude nem sempre bem-vista no ambiente de trabalho é tratar as pessoas com intimidade. Esse comportamento, em certa medida, compromete o ambiente profissional que deve reinar nesses locais e pode subtrair-lhe o formalismo de que se reveste uma relação de trabalho. Quando essa atitude é adotada em relação a um superior, ela pode ser interpretada de formas diferentes, não sendo, em nenhum dos casos, bem recebida. Em primeiro lugar, pode ser vista como uma tentativa de demonstração de poder aos demais integrantes do grupo. Afinal de contas, quem goza de tal intimidade não pode ter suas pretensões negadas, demonstrando que deverá exercer grande influência sobre o superior. Isso, certamente, não é bem-aceito.

De outra parte, essa atitude pode ser vista como uma tentativa de subtrair a autoridade do chefe, negando-lhe a possibilidade de cobrança, de repreensão, de advertência, entre outras atribuições próprias e inerentes aos cargos de chefia. Essa atitude é geradora de desconfiança e não contribui para um bom clima de relacionamento com o superior e tampouco com os integrantes do setor de trabalho. Ademais, gera, invariavelmente, mal-estar e prejuízos consideráveis para quem assim se comporta.

INTERROMPER O SUPERIOR EM SUAS FALAS OU EXPOSIÇÕES SEM SEU PRÉVIO CONSENTIMENTO

Uma das situações mais desagradáveis é sermos interrompidos em nossas falas ou exposições sem o nosso consentimento. Quando isso acontece em relação a um superior, tanto pior. Além de sinal de falta de educação, pode significar pouca consideração e desrespeito. Os chefes não toleram esse tipo de postura por parte de subordinados. E, mesmo quando não reagem no momento, guardam péssima impressão da pessoa e podem adotar uma atitude de má vontade em relação a ela. Trata-se de um comportamento que deve ser evitado por todas as razões. Devemos entender que saber ouvir com atenção e respeito atrai a simpatia de todos e mantém um bom clima no ambiente de trabalho.

TRATAR COM SUPERIORES HIERÁRQUICOS DO CHEFE IMEDIATO SEM SEU PRÉVIO CONSENTIMENTO

Em um ambiente de trabalho, existe sempre algum tipo de liderança ou comando formal. Assim, todas as informações que saem do setor ou que nele ingressem devem passar pelo seu responsável maior, isto é, pelo chefe do setor. É uma forma de preservar sua autoridade e capacidade de gerenciamento. O contato de integrantes desse setor com superiores hierárquicos do seu chefe, sem sua prévia autorização, pode dar motivos ao surgimento de conflitos no ambiente de trabalho. Isso acontece, entre outras razões, em consequência da necessidade da preservação da transparência nas relações formais de poder. Caso o subordinado necessite tratar com alguém de instâncias superiores, deve informar isso a seu chefe imediato e solicitar-lhe a orientação que ele achar oportuna. Comportar-se de maneira diferente pode ser interpretado como um ato de pouca consideração e desrespeito. E, o que é mais grave, pode gerar um conflito que extrapole as fronteiras do setor, já que envolve outras instâncias.

ENTRAR NO AMBIENTE DE TRABALHO DO SUPERIOR EM SUA AUSÊNCIA SEM SUA AUTORIZAÇÃO

Esse é um comportamento condenável por todos os motivos. O ambiente de trabalho do responsável por qualquer setor em uma organização guarda muitas informações. E apenas ele pode julgar a conveniência do acesso a essas informações por parte de outras pessoas. Aqui, o ambiente de trabalho do superior deve ser entendido como sua sala, sua escrivaninha, seus arquivos, seus papéis, seu computador, etc. Na ausência do superior, o acesso a esse ambiente só pode se dar com sua expressa autorização, sob pena de ser interpretado como bisbilhotice. Um comportamento desse tipo é condenável e dá origem a um sentimento de desconfiança pelos companheiros de trabalho e, principalmente, pelo chefe. Quando se estabelece o sentimento de desconfiança em relação ao comportamento do subordinado, este ficará numa situação bastante desagradável e de superação nem sempre possível. O clima de relacionamento, nesses casos, tende a se deteriorar com prejuízos consideráveis para o trabalho.

INTERROMPER CONVERSAS DO SUPERIOR COM OUTRAS PESSOAS

O ato de interromper conversas sem autorização é bem mais comum do que se imagina. Todos nós, certamente, já tivemos nossas conversas interrompidas sem consentimento. E isso é causa permanente de constrangimentos e aborrecimentos. Trata-se de um comportamento, para dizer o mínimo, mal-educado, revelando-se uma atitude desatenciosa e descortês. Quando um subordinado interrompe uma conversa de um superior, essa desatenção e descortesia são agravadas por uma dose de desrespeito. Portanto, em nenhum caso, pode ser bem recebida. Havendo necessidade, o subordinado pode pedir consentimento para interromper o chefe, caso se trate de uma urgência. Uma vez dada a autorização, o subordinado aborda o assunto que motivou o pedido. Caso não se trate de uma urgência, o aconselhável é que aguarde o final da conversa. A interrupção de uma conversa pode gerar um sentimento de má vontade por parte do superior e levá-lo a uma atitude de resistência em relação ao subordinado, o que para este não é nada vantajoso.

TRATAR DE LICENÇAS OU FÉRIAS COM O SETOR COMPETENTE SEM CONHECIMENTO DO SUPERIOR

O gerenciamento é uma função que requer o conhecimento de todos os recursos utilizáveis, bem como sua disponibilidade. Obviamente, integrando esse conjunto de recursos, as pessoas são, na maioria dos casos, o mais importante entre todos e, também, o mais indispensável. Assim, quem chefia um setor de trabalho necessita, permanentemente, ter uma projeção dos recursos humanos com que pode contar. Por essa razão, o subordinado que pretenda se ausentar por meio de licença ou férias, ou por qualquer outro motivo, deve conversar com o superior antes de tratar com o setor competente da organização.

Adotar um comportamento diverso compromete a boa administração do setor a que pertence e fere, frontalmente, a autoridade do superior. Trata-se de uma atitude, no mínimo, desrespeitosa e pode redundar em prejuízos para o subordinado. Nesses casos, quando consultado pelo setor competente, o chefe pode discordar do afastamento do subordinado, pelo simples fato de não ter sido consultado previamente. Mas os prejuízos não param por aí, em consequência da imagem deixada pelo subordinado. Nada pior para alguém no trabalho do que um superior que adote uma atitude de má vontade em relação a ele. Sua carreira profissional pode sofrer danos irreparáveis, como consequência de um comportamento impensado.

AUSENTAR-SE COM FREQUÊNCIA DO TRABALHO

Há pessoas que têm o hábito de ausentar-se do trabalho e, em alguns casos, com elevada frequência. Usam, para tanto, uma série de justificativas, em certos casos, até aceitáveis. Entretanto, é um comportamento malvisto por colegas, pelo chefe e pela organização. Sem dúvida, o superior imediato é a pessoa mais atingida nesses casos, visto que é a ele que cabe concordar, ou não, com essas ausências e, muitas vezes, elas acontecem sem seu conhecimento ou consentimento. Nesse caso, vários tipos de prejuízo estão em jogo: queda de rendimento no trabalho, comprometimento da autoridade do chefe e o mau exemplo para os demais integrantes do setor. Esse comportamento é bastante danoso ao clima de trabalho. Em algumas situações, pode custar o cargo do subordinado e até mesmo seu emprego em casos extremos, para não falar nos prejuízos à sua carreira.

FALTAR AO TRABALHO SEM RAZÃO JUSTIFICÁVEL

A falta ao trabalho sem causa justificável constitui, certamente, comportamento intolerável por qualquer um que exerça a chefia de um setor em uma organização. É compreendida como uma atitude descomprometida, irresponsável e desafiadora à autoridade do chefe. O subordinado que assim age não está interessado na eficiência do trabalho levado a efeito pelo setor a que pertence. Faz pouco caso da realização de suas tarefas nos prazos estipulados e pouco se importa com a desmoralização do superior pelo não cumprimento dos horários de trabalho. Esse comportamento é pernicioso ao ambiente de trabalho, tendo em vista o clima de insatisfação que pode gerar, sendo superado somente com a adoção de uma medida dura. Nesses casos, o subordinado não pode esperar por outra coisa senão advertência, suspensão, perda do cargo e, até mesmo, demissão. São prejuízos sobre os quais ele deve pensar antes de adotar uma postura como faltar reiteradamente ao trabalho.

FALAR DE COLEGAS AO SUPERIOR DE FORMA DESABONADORA

A maledicência é uma péssima atitude, por todos os motivos, condenável. Pode prejudicar pessoas sem nenhuma possibilidade de reparo. Por essa razão, trata-se de um comportamento covarde e traiçoeiro. O colega de trabalho que assim age jamais será bem-visto no ambiente de trabalho. Quando acontece na presença de superior, essa atitude tem, inegavelmente, o propósito claro de prejudicar o colega. Nesses casos, além de ser malvisto pelas razões referidas, quem assim age é interpretado como tendo praticado um ato deliberado não apenas para ofender, mas também para causar prejuízo concreto ao colega de trabalho. Essa atitude muito contribui para a deterioração do clima de trabalho por quebrar o padrão de relacionamento. Seu autor passa a ser visto como alguém indigno da confiança de todos, tendo de arcar, daí por diante, com o ônus do seu condenável ato.

FAZER AO SUPERIOR RESTRIÇÕES A OUTROS DIRIGENTES DA ORGANIZAÇÃO

Quando alguém ocupa um cargo de chefia em uma organização, até prova em contrário, deve ser digno da confiança nele depositada. Assume naturalmente a defesa da organização e de seus dirigentes, pelo menos daqueles a quem responde, em qualquer circunstância, se quiser continuar a ser merecedor dessa confiança. Assim, quando um subordinado dirige-se a um superior com o propósito de fazer restrições à organização ou a algum de seus dirigentes, é, no mínimo, uma temeridade. Aqui se está falando de restrições éticas ou morais, e não de decisões que poderiam ter sido tomadas para elevar a produtividade, ou o padrão de qualidade dos produtos, ou a melhoria do gerenciamento da organização.

Essas restrições podem ser feitas em conversas reservadas com o chefe, desde que haja um bom nível de maturidade. Entretanto, outro tipo de restrições pode resultar em prejuízos para o subordinado. Afinal, se o superior ouvir e se calar, estará dando um sinal de concordância, e isso pode chegar ao conhecimento de outras pessoas. Para que isso não aconteça, provavelmente, o chefe se voltará contra o autor da restrição, a fim de manter sua postura de depositário da confiança da organização e dos dirigentes a quem responde. Assim, o subordinado deve pensar duas vezes antes de emitir opiniões restritivas à organização ou a seus dirigentes, tendo em vista as consequências que isso poderá trazer à sua vida na organização.

Conclusão

Qualquer que seja nosso trabalho em uma organização, quase sempre teremos de nos reportar a algum superior hierárquico, independentemente de sua designação. Em todos os casos, esse superior estará observando atributos comportamentais dos subordinados no relacionamento que com ele estabelece como ética, colaboração e respeito. Poderíamos dizer que essas atitudes resumem o que um superior, em geral, considera traços de comportamento recomendável de um subordinado.

A postura ética faz do indivíduo alguém digno de consideração e merecedor da confiança buscada por todos. A postura colaborativa, disponível e compromissada com o bom andamento do trabalho faz do servidor público ou empregado de uma organização qualquer aquela pessoa com quem se pode contar em todos os momentos, principalmente nos mais difíceis. Trata-se de uma característica extraordinariamente apreciada por todos que dirigem algum setor em uma organização. A atitude respeitosa, atenta e diligente contribui eficazmente para o estabelecimento de um clima bastante harmônico entre superiores e subordinados, além de facilitar o processo de direção e orientação que ocorrem em um ambiente de trabalho.

Essas características comportamentais, que consubstanciam o conceito fundamental de disciplina, estão presentes nas atitudes comentadas nos tópicos anteriores. É possível encontrá-las nas atitudes classificadas como positivas, estando completamente ausentes nas negativas. Certamente não foi nossa pretensão construir um rol exaustivo de posturas consideradas positivas e negativas no relacionamento com superiores. Buscamos enumerar e descrever aquelas normalmente encontradas nesses ambientes, a fim de conformar uma ideia geral sobre o comportamento adotado em relação a nossos superiores no trabalho. Acreditamos que as atitudes comentadas nos tópicos precedentes possibilitem desvelar o assunto e construir uma lista bem mais abrangente e adequada a situações diferentes.

Cabe, finalmente, registrar o inquestionável fato de que se deve dar mais atenção à postura com que nos relacionamos com os superiores no ambiente de trabalho. As oportunidades que surgirão serão, também, consequência de um comportamento disciplinado. Cabe registrar, por oportuno, que mesmo nos casos em que não haja superiores hierárquicos, por sermos profissionais liberais ou proprietários da empresa que comandamos, devemos adotar um comportamento ético, colaborativo e respeitoso com todos. Trata-se de uma postura esperada pelos cidadãos que buscam alcançar o êxito em seus relacionamentos e em sua profissão.

Considerações finais

Como registramos na apresentação deste livro, o que nos motivou a escrevê-lo foi a possibilidade de contribuir, mesmo que modestamente, para a orientação de muitos dos que estão iniciando seu relacionamento com o mundo do trabalho. Sejam os que estão por definir uma formação profissional, concluindo um curso e buscando conquistar um posto de trabalho, sejam aqueles que estão assumindo um cargo e sendo desafiados, ainda sem a experiência necessária, a conviver bem com colegas, eventuais subordinados e superiores.

Evidentemente, as decisões assumidas em todos esses momentos produzem consequências importantes em nossa vida profissional. O que tentamos aqui foi, à luz de uma extensa experiência docente e técnica em organizações públicas e privadas, sinalizar comportamentos adequados a todas essas situações. O êxito profissional ao qual nos referimos, muitas vezes, ao longo deste livro é certamente resultante de uma série de decisões acertadas e oportunas. Ele se expressa por um sentimento de realização que deriva do fato de gostarmos do que fazemos como trabalho. Temos, assim, a possibilidade de usar integralmente nossos talentos e habilidades naturais, atendendo às nossas propensões e provendo nosso sustento e de nossos dependentes. Com isso nos serão oferecidas permanentes condições de crescimento no campo de trabalho a que pertencemos.

Não se pode imaginar que tal êxito seja representado exclusivamente por um elevado nível de renda. Até porque essa condição é improvável e incerta, se o que estamos circunstancialmente realizando como trabalho não corresponde a nossos talentos e tampouco nos agrada como ocupação profissional. O caráter circunstancial a que nos referimos deriva exatamente da eventual inadequação do trabalho a nosso perfil. Esse fato ocasiona, muitas vezes, o surgimento de um processo de rejeição natural que termina por nos afastar do trabalho ou por nos levar a realizá-lo à custa de um grande desgaste.

Insistimos nesse aspecto, visto que a busca por uma formação profissional, em muitos casos, sofre forte influência do prestígio social da profissão, de demandas conjunturais e momentâneas por certas especialidades e idealizações criadas no seio da família, entre outras. Se essas influências estiverem desconectadas dos nossos talentos e propensões naturais, podem nos induzir a escolhas profissionais inadequadas ou, até mesmo, a escolhas de especialidades impróprias no campo profissional que escolhemos. Assim, a condição fundamental a que venhamos no futuro desfrutar de uma situação muito bem-sucedida em termos profissionais é, certamente, o investimento formativo adequado a nossos talentos e propensões naturais.

A partir daí, o processo que nos conduzirá ao alcance do tão almejado êxito vai exigir que desenvolvamos um esforço voltado ao engajamento no mercado de trabalho da maneira mais indicada à adequação do que deveremos fazer como trabalho e a formação que conseguimos alcançar. Isso poderá, naturalmente, ser realizado pela busca de uma oportunidade de trabalho em uma organização privada, em uma organização pública ou, eventualmente, mediante o empreendimento de um negócio ou, ainda, do exercício liberal de uma profissão.

Os eventos que caracterizam o processo de busca do tão almejado êxito profissional, entretanto, não se sucedem de maneira linear e sem equívocos, obstáculos e retornos. Isso significa dizer que nem sempre acertamos na primeira vez. A procura do engajamento profissional é, muitas vezes, penosa e exige determinação e esforço. Os processos seletivos nas organizações privadas e os concursos para as organizações públicas são, normalmente, bastante concorridos e exigem muito preparo. Porém, esses obstáculos ficam facilitados se os cargos para os quais concorremos são adequados à nossa formação.

Quanto ao empreendimento de um negócio, nem sempre é uma opção que ocorre imediatamente após a conclusão de um processo formativo. Normalmente, exige o acúmulo de uma experiência que vem com o exercício da profissão e o conhecimento do mercado que se pretende explorar. Às vezes, essa alternativa surge como solução para muitos que não conseguem se engajar como empregados ou servidores públicos de maneira satisfatória. Cabe ressaltar que se trata de uma possibilidade válida e recomendável aos que detêm as condições indispensáveis para se encaminhar por essa vertente, tais como determinação, visão de futuro, capacidade de coordenação e capacidade de correr riscos com tranquilidade. Sem esse perfil é, certamente, temerária a opção pelo empreendimento de um negócio.

No que diz respeito ao exercício liberal da profissão como vertente para a realização profissional, é indispensável que a atividade comporte esse tipo de exercício profissional. Trata-se de uma opção que exige tempo para a consolidação de uma imagem de competência e integridade, normalmente requeridas pelos consumidores potenciais dos serviços a serem prestados.

No caso de engajamento profissional, como empregados em organizações privadas ou como servidores em organizações públicas, uma vez admitidos, somos compelidos, por força das exigências de um trabalho com elevado desempenho, a conhecer muito bem a organização e o cargo que estamos assumindo. É indispensável que o façamos se quisermos nos desincumbir de nossas atribuições de maneira eficiente e eficaz. Ademais, conhecer bem o que temos de fazer pode nos levar a contribuir para o enriquecimento dos métodos e processos utilizados. Isso nos ajudará, certamente, a conquistar novos postos na carreira que abraçamos. Iniciamos nossa experiência de trabalho ainda imaturos, tanto do ponto de vista das competências profissionais exigidas quanto do ponto de vista do relacionamento com as pessoas em ambientes de trabalho.

Até esse momento, nosso relacionamento com pessoas, pelo menos na maioria dos casos, se deu pela convivência com colegas de escola, de curso profissionalizante de nível médio ou de curso de graduação. A convivência em ambientes de trabalho é naturalmente diversa, em consequência de um processo de competição com características marcadamente distintas. Trata-se de uma atmosfera diferente daquela que se estabelece entre os colegas em sala de aula. Nos ambientes de trabalho relacionamo-nos com colegas, às vezes, com subordinados e com superiores. Assim, é indispensável que saibamos nos relacionar bem, a fim de que possamos estabelecer as bases para um crescimento profissional nos quadros da organização.

A experiência que vem com o tempo é, certamente, grande conselheira. Todavia, como foi dito, ela vem com o tempo. É claro que os comportamentos adequados derivam de valores desenvolvidos anteriormente, mas não é possível garantir que isso efetivamente tenha ocorrido. O bom relacionamento com colegas em ambientes de trabalho exige, necessariamente, a adoção de uma postura solidária. Ela pode ser revelada por uma série de atitudes contributivas, não devendo, em nenhum momento, se caracterizar por uma postura egoísta e descomprometida com o bem-estar e o êxito profissional dos companheiros. Fundamentalmente, essa solidariedade a que nos referimos deve ser representada pelo companheirismo, pela atenção que dedicamos aos colegas de trabalho e pela nossa disponibilidade em ajudá-los, quando isso se demonstrar necessário.

O relacionamento com subordinados, às vezes, é indispensável, em consequência das atribuições do cargo que ocupamos. Esse relacionamento merece toda a nossa atenção em virtude da extraordinária importância que representa para nós, se pretendemos continuar assumindo postos de comando na organização. O conceito que, fundamentalmente, resume a postura em relação a subordinados é, inquestionavelmente, o da liderança. Esse conceito deve ser aqui compreendido como um conjunto que encerra atitudes éticas, construtivas, referenciais e motivadoras.

No que se refere ao relacionamento com superiores, esse aspecto deve ser visto com muito cuidado e atenção por todos nós. Não se pode perder de vista sua importância para nossa carreira na organização, em todas as situações. É preciso também lembrar que as avaliações de desempenho com vista à alimentação de informações ao plano de cargos, carreiras e remuneração são realizadas por nossos superiores. Acrescente-se que as oportunidades de treinamento e de ascensão nos quadros da organização dependem dessas avaliações.

Evidentemente, uma série de outras oportunidades profissionais dependerá da impressão que nossos superiores vierem a desenvolver sobre nós, como empregados ou servidores da empresa ou organização pública a que pertencemos. Assim, cabe considerar que uma postura ética, colaborativa e respeitosa de nossa parte em relação aos superiores é bastante recomendável, ou mesmo obrigatória. Esse conjunto de atitudes pode ser aqui resumido no conceito de disciplina, algo compreendido por todos como indispensável nesse tipo de relacionamento.

Finalmente, o êxito profissional que todos almejamos conquistar resulta de um processo construtivo continuado. Esse processo, certamente, deve se constituir das etapas aludidas neste livro. Deve também se pautar no marco de um comportamento adequado no tocante ao relacionamento com colegas, subordinados e superiores. Atentar, portanto, para o que foi proposto como orientação ao longo deste livro pode ajudar a garantir o êxito profissional tão desejado por todos os que almejam desempenhar um papel produtivo na sociedade.

SENAC SÃO PAULO
REDE DE UNIDADES

CAPITAL E GRANDE SÃO PAULO

Centro Universitário Senac Campus Santo Amaro
Tel.: (11) 5682-7300 • Fax: (11) 5682-7441
E-mail: campussantoamaro@sp.senac.br

Senac 24 de Maio
Tel.: (11) 2161-0500 • Fax: (11) 2161-0540
E-mail: 24demaio@sp.senac.br

Senac Aclimação
Tel.: (11) 3795-1299 • Fax: (11) 3795-1288
E-mail: aclimacao@sp.senac.br

Senac Consolação
Tel.: (11) 2189-2100 • Fax: (11) 2189-2150
E-mail: consolacao@sp.senac.br

Senac Guarulhos
Tel.: (11) 2187-3350 • Fax: 2187-3355
E-mail: guarulhos@sp.senac.br

Senac Itaquera
Tel.: (11) 2185-9200 • Fax: (11) 2185-9201
E-mail: itaquera@sp.senac.br

Senac Jabaquara
Tel.: (11) 2146-9150 • Fax: (11) 2146-9550
E-mail: jabaquara@sp.senac.br

Senac Lapa Faustolo
Tel.: (11) 2185-9800 • Fax: (11) 2185-9802
E-mail: lapafaustolo@sp.senac.br

Senac Lapa Scipião
Tel.: (11) 3475-2200 • Fax: (11) 3475-2299
E-mail: lapascipiao@sp.senac.br

Senac Lapa Tito
Tel.: (11) 2888-5500 • Fax: (11) 2888-5577
E-mail: lapatito@sp.senac.br

Senac Nove de Julho
Tel.: (11) 2182-6900 • Fax: (11) 2182-6941
E-mail: novedejulho@sp.senac.br

Senac Osasco
Tel.: (11) 2164-9877 • Fax: (11) 2164-9822
E-mail: osasco@sp.senac.br

Senac Penha
Tel.: (11) 2135-0300 • Fax: (11) 2135-0398
E-mail: penha@sp.senac.br

Senac Santa Cecília
Tel.: (11) 2178-0200 • Fax: (11) 2178-0226
E-mail: santacecilia@sp.senac.br

Senac Santana
Tel.: (11) 2146-8250 • Fax: (11) 2146-8270
E-mail: santana@sp.senac.br

Senac Santo Amaro
Tel.: (11) 3737-3900 • Fax: (11) 3737-3936
E-mail: santoamaro@sp.senac.br

Senac Santo André
Tel.: (11) 2842-8300 • Fax: (11) 2842-8301
E-mail: santoandre@sp.senac.br

Senac Tatuapé
Tel.: (11) 2191-2900 • Fax: (11) 2191-2949
E-mail: tatuape@sp.senac.br

Senac Tiradentes
Tel.: (11) 3336-2000 • Fax: (11) 3336-2020
E-mail: tiradentes@sp.senac.br

Senac Vila Prudente
Tel.: (11) 3474-0799 • Fax: (11) 3474-0700
E-mail: vilaprudente@sp.senac.br

INTERIOR E LITORAL

Centro Universitário Senac Campus Águas de São Pedro
Tel.: (19) 3482-7000 • Fax: (19) 3482-7036
E-mail: campusaguasdesaopedro@sp.senac.br

Centro Universitário Senac Campus Campos do Jordão
Tel.: (12) 3688-3001 • Fax: (12) 3662-3529
E-mail: campuscamposdojordao@sp.senac.br

Senac Americana
Tel.: (19) 3621-1350 • Fax: (19) 3621-1050
E-mail: aracatuba@sp.senac.br

Senac Araçatuba
Tel.: (18) 3117-1000 • Fax: (18) 3117-1020
E-mail: aracatuba@sp.senac.br

Senac Araraquara
Tel.: (16) 3114-3000 • Fax: (16) 3114-3030
E-mail: araraquara@sp.senac.br

Senac Barretos
Tel.: (17) 3312-3050 • Fax: (17) 3312-3055
E-mail: barretos@sp.senac.br

Senac Bebedouro
Tel.: (17) 3342-8100 • Fax: (17) 3342-3517
E-mail: bebedouro@sp.senac.br

Senac Botucatu
Tel.: (14) 3112-1150 • Fax: (14) 3112-1160
E-mail: botucatu@sp.senac.br

Senac Campinas
Tel.: (19) 2117-0600 • Fax: (19) 2117-0601
E-mail: campinas@sp.senac.br

Senac Catanduva
Tel.: (17) 3311-4650 • Fax: (17) 3311-4651
E-mail: catanduva@sp.senac.br

Senac Franca
Tel.: (16) 3402-4100 • Fax: (16) 3402-4114
E-mail: franca@sp.senac.br

Senac Guaratinguetá
Tel.: (12) 2131-6300 • Fax: (12) 2131-6317
E-mail: guaratingueta@sp.senac.br

Senac Itapetininga
Tel.: (15) 3511-1200 • Fax: (15) 3511-1211
E-mail: itapetininga@sp.senac.br

Senac Itapira
Tel.: (19) 3863-2835 • Fax: (19) 3863-1518
E-mail: itapira@sp.senac.br

Senac Itu
Tel.: (11) 4023-4881 • Fax: (11) 4013-3008
E-mail: itu@sp.senac.br

Senac Jaboticabal
Tel./Fax: (16) 3204-3204
E-mail: jaboticabal@sp.senac.br

Senac Jaú
Tel.: (14) 2104-6400 • Fax: (14) 2104-6449
E-mail: jau@sp.senac.br

Senac Jundiaí
Tel.: (11) 3395-2300 • Fax: (11) 3395-2323
E-mail: jundiai@sp.senac.br

Senac Limeira
Tel.: (19) 2114-9199 • Fax: (19) 2114-9125
E-mail: limeira@sp.senac.br

Senac Marília
Tel.: (14) 3311-7700 • Fax: (14) 3311-7760
E-mail: marilia@sp.senac.br

Senac Mogi-Guaçu
Tel.: (19) 3019-1155 • Fax: (19) 3019-1151
E-mail: mogiguacu@sp.senac.br

Senac Piracicaba
Tel.: (19) 2105-0199 • Fax: (19) 2105-0198
E-mail: piracicaba@sp.senac.br

Senac Presidente Prudente
Tel.: (18) 3344-4400 • Fax: (18) 3344-4444
E-mail: presidenteprudente@sp.senac.br

Senac Ribeirão Preto
Tel.: (16) 2111-1200 • Fax: (16) 2111-1201
E-mail: ribeiraopreto@sp.senac.br

Senac Rio Claro
Tel.: (19) 2112-3400 • Fax: (19) 2112-3401
E-mail: rioclaro@sp.senac.br

Senac Santos
Tel.: (13) 2105-7799 • Fax: (13) 2105-7700
E-mail: santos@sp.senac.br

Senac São Carlos
Tel.: (16) 2107-1055 • Fax: (16) 2107-1080
E-mail: saocarlos@sp.senac.br

Senac São João da Boa Vista
Tel.: (19) 3366-1100 • Fax: (19) 3366-1139
E-mail: sjboavista@sp.senac.br

Senac São José do Rio Preto
Tel.: (17) 2139-1699 • Fax: (17) 2139-1698
E-mail: sjriopreto@sp.senac.br

Senac São José dos Campos
Tel.: (12) 2134-9000 • Fax: (12) 2134-9001
E-mail: sjcampos@sp.senac.br

Senac Sorocaba
Tel.: (15) 3412-2500 • Fax: (15) 3412-2501
E-mail: sorocaba@sp.senac.br

Senac Taubaté
Tel.: (12) 2125-6099 • Fax: (12) 2125-6088
E-mail: taubate@sp.senac.br

Senac Votuporanga
Tel.: (17) 3426-6700 • Fax: (17) 3426-6707
E-ma il: votuporanga@sp.senac.br

OUTRAS UNIDADES

Editora Senac São Paulo
Tel.: (11) 2187-4450 • Fax: (11) 2187-4486
E-mail: editora@sp.senac.br

Grande Hotel São Pedro – Hotel-escola
Tel.: (19) 3482-7600 • Fax: (19) 3482-7630
E-mail: grandehotelsaopedro@sp.senac.br

Grande Hotel Campos do Jordão – Hotel-escola
Tel.: (12) 3668-6000 • Fax: (12) 3668-6100
E-mail: grandehotelcampos@sp.senac.br